智慧生态农业
赋能农产品的机制研究

王红梅　卢雨欣　潘颖芳　著

哈尔滨出版社
HARBIN PUBLISHING HOUSE

图书在版编目（CIP）数据

智慧生态农业赋能农产品的机制研究 / 王红梅，卢雨欣，潘颖芳著. -- 哈尔滨：哈尔滨出版社，2025.3.
ISBN 978-7-5484-8423-3

Ⅰ. F323.2

中国国家版本馆 CIP 数据核字第 2025DM1376 号

书　　名：	**智慧生态农业赋能农产品的机制研究**
	ZHIHUI SHENGTAI NONGYE FUNENG NONGCHANPIN DE JIZHI YANJIU
作　　者：	王红梅　卢雨欣　潘颖芳　著
责任编辑：	李金秋
出版发行：	哈尔滨出版社（Harbin Publishing House）
社　　址：	哈尔滨市香坊区泰山路 82-9 号　邮编：150090
经　　销：	全国新华书店
印　　刷：	北京鑫益晖印刷有限公司
网　　址：	www.hrbcbs.com
E - mail：	hrbcbs@yeah.net
编辑版权热线：	（0451）87900271　87900272
销售热线：	（0451）87900202　87900203
开　　本：	787mm×1092mm　1/16　印张：13　字数：212 千字
版　　次：	2025 年 3 月第 1 版
印　　次：	2025 年 3 月第 1 次印刷
书　　号：	ISBN 978-7-5484-8423-3
定　　价：	58.00 元

凡购本社图书发现印装错误，请与本社印制部联系调换。

服务热线：（0451）87900279

前　言

　　随着全球人口增长、资源短缺、环境污染以及气候变化等问题的日益严峻，传统农业面临着巨大的挑战。智慧生态农业作为现代农业的重要发展方向，通过集成物联网、大数据、人工智能等现代信息技术，对传统农业进行了深度的改造和提升。它不仅提高了农业生产的效率和质量，还促进了农业资源的优化配置和生态环境的保护，为农业的可持续发展提供了强有力的支撑。智慧生态农业通过实时监测与数据分析，为农民提供科学种植、智能灌溉、病虫害预警等科学决策依据，有效降低了化肥农药的过量使用，提高了农产品品质与安全性。同时，智慧生态农业还促进了农业产业链的升级和优化，为农产品上行提供了新的途径，有助于提升农产品的市场竞争力，实现农民增收。因此，研究智慧生态农业赋能农产品的机制，对于推动农业现代化、促进乡村振兴具有重要的现实意义和战略价值。

　　本书共有十二章，第一章概述了智慧农业与生态农业的融合及发展，明确了技术体系支撑。第二章至第三章详细阐述了智慧技术在农产品生产、质量控制中的创新应用，展现了智能感知、精准农业等技术带来的变革。第四章至第六章围绕农产品标准化生产、供应链管理及营销策略创新，揭示了智慧生态农业如何提升生产效率与市场竞争力。第七章至第九章则聚焦于品牌建设、市场对接机制优化及产业融合，探讨了智慧农业在塑造品牌形象、促进市场对接及推动产业融合中的关键作用。第十章强调了农民培训与技术支持的重要性，第十一章关注区域特色农产品的发展，第十二章展望了智慧生态农业的可持续发展路径。各章节紧密相连，共同描绘了智慧生态农业赋能农产品、推动农业现代化转型的宏伟蓝图。

目 录

第一章 智慧生态农业概述 ………………………………… 1

第一节 智慧农业与生态农业的定义及融合 ………………… 1
第二节 智慧生态农业的特点与发展 ………………………… 6
第三节 智慧生态农业的技术体系与支撑 …………………… 10

第二章 智慧技术在农产品生产中的应用 ……………… 15

第一节 智能感知与物联网技术的田间实践 ……………… 15
第二节 精准农业技术与装备的创新应用 ………………… 19
第三节 生长环境的智能监控与精准管理 ………………… 24
第四节 病虫害智能识别与绿色防控策略 ………………… 29

第三章 智慧生态农业与农产品质量控制 ……………… 34

第一节 农产品质量安全现状与挑战 ……………………… 34
第二节 智慧手段在质量控制中的关键作用 ……………… 38
第三节 智能化检测技术与追溯体系的建立 ……………… 41
第四节 风险评估与智慧监管机制的完善 ………………… 45

第四章 农产品标准化生产中的智慧农业 ……………… 50

第一节 标准化生产的意义与智慧农业的角色 …………… 50
第二节 智慧农业推动标准化流程的建立 ………………… 54
第三节 质量监控与评估体系的智能化升级 ……………… 58
第四节 持续改进与标准化生产的优化路径 ……………… 62

第五章　智慧生态农业优化农产品供应链管理 …… 66

第一节　供应链管理的现状分析与智慧需求 …… 66
第二节　智慧技术驱动的供应链优化策略 …… 70
第三节　绿色物流与智能化配送体系 …… 75
第四节　协同平台与信息共享机制的建设 …… 78

第六章　智慧生态农业驱动的农产品营销策略创新 …… 84

第一节　大数据与精准营销的结合应用 …… 84
第二节　社交媒体在农产品营销中的新角色 …… 88
第三节　营销策略创新的实践 …… 93

第七章　智慧生态农业与农产品品牌建设 …… 98

第一节　品牌建设与智慧农业的概述 …… 98
第二节　智慧手段在品牌塑造中的应用 …… 102
第三节　智能化品牌营销策略的创新实践 …… 107
第四节　品牌形象的维护与长期发展战略 …… 110

第八章　智慧生态农业促进农产品市场对接机制优化 …… 116

第一节　市场对接的现状问题与智慧解决方案 …… 116
第二节　智能分析与预测在市场信息中的应用 …… 120
第三节　服务创新与模式探索的实践分析 …… 125
第四节　市场对接机制优化的路径与策略 …… 130

第九章　智慧生态农业驱动农产品产业融合与创新 …… 134

第一节　产业融合的背景、趋势与智慧农业的机遇 …… 134
第二节　智慧农业在产业融合中的催化作用 …… 140
第三节　跨产业深度融合的实践与模式探索 …… 144

第十章　农民培训与技术支持在智慧生态农业中的角色 …… 149

第一节　智慧农业技术培训的内容体系 …… 149
第二节　技术支持体系的建设与运行机制 …… 152
第三节　培训效果评估与持续改进策略 …… 157

第十一章　智慧生态农业赋能区域特色农产品发展 …… 163

第一节　区域特色农产品的发展现状与机遇 …… 163
第二节　智慧农业在区域特色发展中的应用策略 …… 168
第三节　品牌塑造与营销的区域特色路径 …… 172

第十二章　智慧生态农业的可持续发展路径探索 …… 177

第一节　智慧生态农业与可持续发展目标的契合 …… 177
第二节　生态农业资源的智慧保护与利用策略 …… 181
第三节　节能减排技术在农业生产中的应用实践 …… 185
第四节　生态修复与智慧农业的结合路径 …… 189
第五节　智慧生态农业的可持续发展模式的构建 …… 193

参考文献 …… 198

第一章　智慧生态农业概述

第一节　智慧农业与生态农业的定义及融合

一、智慧农业的定义

智慧农业作为农业领域的崭新发展模式，其精髓在于深度融合现代信息技术于传统农业生产，推动农业生产向高效化、智能化、环保化方向迈进。这一模式不是简单地对传统农业进行技术迭加，而是从根本上改变农业生产的管理方式、运营模式和思维方式。智慧农业充分利用物联网技术，实现农田环境的实时监测与精准调控，无论是土壤湿度、光照强度还是温度变化，都能通过传感器精确捕捉，为农作物提供最适宜的生长环境。同时，大数据技术的运用使得农业生产数据的收集、分析变得前所未有的便捷，农民可以依据数据分析结果，科学制订种植计划，合理调配资源，有效避免生产的盲目性和浪费现象。云计算平台则为智慧农业提供了强大的数据存储与处理能力，确保海量农业数据能够得到及时有效的管理和利用。结合人工智能技术，智慧农业系统能够自动识别病虫害、预测作物产量、优化灌溉施肥策略，甚至通过机器学习不断优化农业生产模型，实现更加精细化的管理。这不仅显著提升了农作物的产量和品质，还大大降低了生产成本，减少了化肥农药的过度使用，有利于生态环境的保护。智慧农业的视野并不局限于生产环节，它还延伸至农产品的流通、销售乃至消费全链条。通过智能化物流系统，农产品可以实现从田间到餐桌的全程可追溯，在保障食品安全的同时，也提高了物流效率。

二、生态农业的定义

生态农业是一种综合性的农业生产模式，其核心在于追求生态平衡与农业生产效益的和谐统一,不仅仅关注农产品的产量与质量,更将生态环境的保护与改善视为农业生产的基石。在生态农业实践中,农民和农业工作者遵循自然规律,利用生态学原理与方法,力求在最小化对外部环境负面影响的同时,最大化农业生产效率与可持续性。在生态农业模式下,农业废弃物如秸秆、畜禽粪便等不再是环境的负担,而是被视为宝贵的资源加以循环利用。通过科学规划与设计,这些废弃物可以转化为有机肥料,回归农田,既滋养了土壤,又减少了化肥的使用,从而降低了农业生产对环境的污染。同时,生态农业还倡导节水灌溉、病虫害生物防治等技术,以减少水资源消耗和对化学农药的依赖,保护生物多样性,维护农业生态系统的健康与稳定。生态农业还强调农业与自然、社会、经济之间的协调发展,在自然层面,它尊重自然生态系统的自我调节能力,通过种植结构的多样化、轮作休耕等措施,保持土壤肥力,促进生态平衡的自然恢复。在社会层面,生态农业鼓励农民参与决策,提高农业生产的组织化程度,促进农村经济的发展与社会的和谐。在经济层面,它追求长期效益而非短期利益最大化,通过提高农产品的附加值,增加农民收入,同时满足消费者对绿色、健康农产品的需求,实现经济效益与生态效益的双赢。

三、智慧农业与生态农业的融合

(一)融合的必要性

在全球气候变化加剧、资源日益紧张、生态环境持续恶化的严峻形势下,我国农业发展面临着前所未有的考验。为有效应对这些挑战,智慧农业与生态农业的融合发展成为探索农业可持续发展的新路径。这种融合不仅是对传统农业模式的革新,更是对现代农业发展理念的深化与实践。智慧农业依托物联网、大数据、云计算等先进技术,实现了农业生产管理的精准化、智能化与高效化。通过实时监测农田环境参数,精确控制灌溉、施肥,有效减少了水资源的浪费和化肥农药的过度使用。同时,智能农机装备的应用,提高了作业效率和精度,进一步降低了能源消耗和碳排放。生态农业强调农业系统的生态平衡与可持续发展,注重生物多样性保护、土壤健康维护以及农业废弃物的资源化利用。将智慧农业的技术手段融入生态农业,可以更加科学地管理农田生态系统,促进物质循环和能量流动,增强农业系统的自我恢复能力和抵抗力。智慧农业与生态农业的融合,既提高了农业生产效率,又降低了对外部资源的依赖,实现了经济效益与生态效益的双赢。这种融合模式,通过精准农业管理减少了对环境的破坏,通过生态农业方法促进了生态系统的服务功能,为构建绿色、低碳、循环、可持续的农业发展模式提供了有力支撑。

(二)融合的关键技术

智慧农业与生态农业的融合,正引领着现代农业发展的新方向,这一进程深刻依赖一系列关键技术的创新与集成。物联网技术作为农业信息化、智能化的核心驱动力,通过遍布田间的各类传感器,实时采集土壤湿度、光照强度、气温等环境参数,结合大数据分析与云计算处理,为农业生产提供了精准决策支持。农民可以依据这些数据,远程监控作物生长状况,及时调整灌溉、施肥计划,实现农业生产管理的自动化与智能化,有效提升资源利用效率和管理精度。与此同时,生物技术的进步为生态农业的可持续发展注入了新活力。基因编辑技术使得作物具备更强的抗逆性,如抗旱、抗病虫害能力,不仅提高了农产品产量与品质,还减少了化学农药的使用,保护了生态环境。组织培养技术则加速了优良品种的繁育,促进了农作物种质的创新与多样化。在智慧农业与生态农业的融合实践中,农业机械化技术同样不可或缺。智能农机装备,如无人驾驶播种机、收割机,以及精准施肥、喷药系统,大幅提高了农业生产效率,减轻了劳动强度,同时确保了作业精度,减少了资源浪费。此外,节能环保技术的应用,如太阳能灌溉系统、生物质能源的利用,进一步降低了农业生产过程中的碳排放,推动了农业绿色转型。

(三)融合发展的模式探索

1. 智慧循环农业体系的构建

智慧循环农业,作为智慧农业与生态农业深度融合的典范,正以其独特的优势引领着现代农业的发展潮流。该模式深度融合了物联网、大数据等前沿技术,将农业生产的资源管理、废弃物处理等环节纳入了智能化轨道。在田间地头,各类传感器如同人体的神经末梢,实时捕捉着土壤湿度、酸碱度、水质状况以及气候条件等关键信息。这些数据被即时上传至云端,经过智能算法的分析处理,转化为精准的灌溉、施肥指令,从而实现了水肥一体化的精细管理,极大地减少了资源的浪费。智慧循环农业将生物质能源技术融入其中,为农业废弃物的处理找到了新的出路。农作物秸秆、畜禽粪便等原本被视为"废物"的资源,在科技的助力下摇身一变,成为宝贵的有机肥料和生物质燃料。这些转化产物不仅能够回归农田,滋养土地,提升土壤肥力,还能够作为清洁能源替代传统的化石燃料,减少温室气体排放,为农业的绿色发展贡献力量。通过构建"种植—养殖—加工—废弃物处理再利用"的闭环生态系统,智慧循环农业不仅实现了资源的高效循环利用,还促进了生态系统的和谐共生。

2. 智慧休闲农业的创新实践

智慧休闲农业,作为现代农业与信息技术深度融合的产物,正悄然改变着休闲农业的面貌,为游客带来了前所未有的便捷与个性化体验。依托手机APP与在线预订系统,游客只需指尖轻触,便能即时获取农场的最新动态,包括作物生长周期的实时直播、即将举行的农耕体验活动、特色农产品的上架通知等。这一数字化平台,不仅让游客能够根据个人偏好与兴趣,自由规划游玩路线,预订特色民宿与餐饮,还极大地增强了游客与农场之间的互动性与参与感。农场内部,智能导览系统的引入,更是将休闲体验提升到了新的高度。借助 AR、VR 等先进技术,游客仿佛置身于虚拟与现实交织的农业知识殿堂,不仅可以直观了解农作物的生长习性、农耕文化的深厚底蕴,还能亲手参与互动体验,如虚拟现实中的播种、浇水、收获等,让农业教育变得生动有趣,加深了游客对农业的理解和情感联结。智慧休闲农业还充分利用大数据的力量,对游客行为进行深入分析,挖掘其消费趋势与偏好。农场据此可以精准定位市场需求,调整农产品种植结构,开发特色旅游产品,如季节性采摘节、农业科普教育营等,既满足了游客的多元化需求,又实现了经济效益与生态效益的双重提升。

3. 农产品质量追溯体系的智能化升级

农产品质量追溯体系,作为食品安全与农产品品质的重要保障,其在智慧农业与生态农业融合的背景下,实现了智能化、高效化的全新升级。这一体系通过为每一份农产品赋予独一无二的身份标识,比如二维码或是 RFID 标签,如同为农产品配备了电子身份证,让农产品的全生命周期信息被精准记录与追踪。借助物联网技术的强大力量,从田间地头的种植、养殖,到加工厂的精细处理,再到物流运输的每一个环节,农产品的所有关键信息都被实时采集并上传至云端数据库。消费者在购买农产品时,只需用手机轻轻一扫标识,就能清晰地了解到农产品的产地、种植或养殖方式、生长周期、质量检测报告等详尽信息,确保了所购农产品的安全可靠。这种高度透明的信息管理方式,极大地增强了消费者对农产品的信任感与满意度。它不仅让消费者吃得放心,更激发了农业生产者提升产品质量的内在动力。农业生产者为了维护良好的品牌形象与市场份额,必然会更加注重农产品的品质与安全,从而形成一个良性循环:优质农产品赢得消费者青睐,促进销量增长;销量增长又激励农业生产者持续提高产品质量,进而巩固和扩大市场份额。

(四)融合对农业现代化的推动作用

通过集成应用物联网、大数据、人工智能等现代信息技术,农业生产效率得到显著提升,推动了农业向规模化、集约化、智能化方向迈进。智能监控与管理系统能够实时分析作物生长环境,精准调控水肥供给,有效预防病虫害,不仅降低了生产成本,还大幅提高了单位面积产量,实现了农业生产的高效与精准。这一融合进程也促进了农业产业结构的优化升级。在传统农业向现代农业转型过程中,智慧农业技术为特色种植、养殖提供了技术支撑,推动了农产品深加工、休闲农业、乡村旅游等新业态的发展,丰富了农业产业链,提升了农业附加值。同时,生态农业理念的融入,强调资源循环利用与生态环境保护,引导农业向绿色、有机、可持续方向发展,满足了市场对高品质农产品的需求,增强了农产品的市场竞争力,提升了农业整体产值。更为重要的是,智慧农业与生态农业的融合,促进了农业与生态环境的和谐共生。通过智能化手段监测与管理农业投入品,减少化肥、农药的过量使用,保护土壤结构与生物多样性,降低了农业生产对环境的负面影响。同时,生态农业技术如轮作休耕、生态种养结合等,进一步提升了农业生态系统的自我恢复能力,为实现农业可持续发展奠定了坚实基础。

第二节　智慧生态农业的特点与发展

一、智慧生态农业的特点

（一）数据驱动的决策支持

智慧生态农业的一大显著特点，便是其决策过程的深度数据驱动性。在这一模式下，农田不再是传统意义上的耕作之地，而是变身为一个个数据采集的"智能站点"。气象站巍然矗立，精准捕捉着风速、风向、温度、湿度等关键气象要素；土壤检测器深埋地下，实时监测着土壤的酸碱度、湿度、养分含量等宝贵信息；无人机则在天空翱翔，通过高清摄像头和红外感应设备，俯瞰着农作物的生长态势，记录着每一寸土地的细微变化。这些遍布农田的传感器，如同神经末梢，源源不断地将海量的环境数据传输至云端。在这里，云计算和大数据分析技术发挥着至关重要的作用。它们像一双无形的智慧之手，对这些数据进行深度挖掘、清洗、整合，最终转化为对农作物生长具有指导意义的信息。比如，通过分析土壤数据，可以精准判断何时需要施肥、施何种肥；通过气象数据，可以预测未来天气变化，提前做好防灾减灾准备；通过无人机拍摄的图像数据，可以识别病虫害的早期迹象，及时采取措施进行防治。这种基于数据的决策模式，彻底改变了传统农业依赖经验、直觉进行管理的局面。农民不再盲目跟风，而是根据科学的数据分析，制订种植计划，调整管理措施。这不仅极大地提高了农业生产的效率，使得资源得到更加合理的配置和利用，而且显著降低了农业风险，如病虫害的大面积暴发、极端天气导致的作物减产等。同时，数据驱动的智慧生态农业还实现了农业生产的精细化管理，每一块田地、每一株作物都能得到个性化的关注和照顾，从而确保了农产品的品质和产量。

（二）高效利用资源与环境保护

智慧生态农业，作为现代农业发展的新模式，将资源高效利用与环境保护置于核心位置，通过一系列技术创新，实现了农业生产与生态保护的和谐共生。在这一模式下,智能灌溉系统的应用尤为关键。它不再依赖于传统的经验灌溉,而是根据土壤湿度、作物生长阶段、天气预报等多维度数据,通过精准算法计算出作物实际需水量,实现定时、定量、定位的自动化灌溉。这种精细化管理,不仅避免了水资源的过度消耗,还确保了作物得到恰到好处的水分滋养,促进了根系发育,提高了作物的抗逆性和产量。与此同时,作物营养管理系统也是智慧生态农业的重要组成部分。该系统通过土壤养分检测与作物生长监测,为每一块田地、每一种作物量身定制施肥方案。智能施肥机依据这些方案,精准控制肥料的种类、数量与施用时间,实现了养分的精准供给,减少了肥料的流失与浪费,提高了肥料利用率,同时也避免了因过量施肥导致的土壤污染与水体富营养化问题。在病虫害防治方面,智慧生态农业同样展现出了显著优势。通过部署智能监测设备,结合图像识别与机器学习技术,可以实时监测作物病虫害的发生情况,预警潜在风险。在此基础上,采取物理防控、生物防治与化学防治相结合的策略,精准施药,大大降低了化学农药的使用量与频次,有效减轻了对环境的污染,保护了生物多样性,维护了农业生态系统的平衡与稳定。

(三)精准农业技术集成与应用

精准农业技术体系,巧妙融合了卫星定位、地理信息系统(GIS)、遥感技术等一系列高科技手段,为农田信息的精确获取与管理提供了强有力的技术保障。卫星定位技术,如同农业生产的天眼,能够实时锁定农田的精确位置,为后续的精准管理奠定坚实基础。地理信息系统,则像是一本详尽的农田地图,将土壤类型、地势起伏、历史产量等多元信息集成于一体,为农业生产提供全面的空间分析支持。而遥感技术,更是如同农田的"空中侦探",通过卫星或无人机搭载的遥感设备,远距离捕捉农作物的生长状态、病虫害情况等关键信息,为及时应对提供科学依据。在这些高科技手段的支撑下,精准农业技术得以广泛应用。变量施肥技术,根据农田的实际养分需求和作物生长状况,实现化肥的精准施用,既满足了作物的营养需求,又避免了过量施肥带来的环境污染。精准播种技术,通过精确控制播种深度、间距等参数,确保每一粒种子都能在最佳位置生根发芽,为高产稳产打下坚实基础。智能收割技术,利用先进的传感器和自动化控制,实现作物的自动化收割,大大提高了收割效率和作业精度。这种集成化的技术手段,不仅显著提升了农业生产的精准度和自动化水平,更在无形中推动了农业现代化的进程,使得农业生产更加科学、高效,减少了资源的浪费和环境的破坏,提高了农产品的品质和产量。同时,精准农业技术的应用,还促进了农业产业结构的优化升级,为农业的可持续发展注入了新的活力。

二、智慧生态农业的发展趋势

(一)智慧感知与精准管理

智慧生态农业的蓬勃发展,得益于物联网技术在农业领域的广泛应用,在农业生产中,各类传感器如同农田的守护者,被精心布置于关键位置,它们实时监测着土壤湿度、养分含量、气候条件等一系列环境因素,为农业生产提供精确数据支持。这些传感器收集的数据,并非孤立存在,而是通过网络实时传输至数据分析平台。在这里,大数据分析技术发挥着至关重要的作用。它像一位经验丰富的农业专家,能够深入挖掘数据背后的规律,将原本看似杂乱无章的环境数据,转化为对农业生产具有直接指导意义的"智慧"。根据这些分析结果,农民可以精准地制订灌溉计划,确保作物在最需要水分的时候得到及时浇灌;可以科学地调整施肥方案,既满足作物生长的营养需求,又避免过量施肥导致的土壤污染,还可以提前预警病虫害的发生,采取针对性防治措施,减少农药的使用,保护生态环境。智慧感知与精准管理的结合,使得农业生产不再是一种粗放的劳动密集型活动,而是一种基于数据的精细化管理。这种管理方式,不仅显著提高了农业资源的利用效率,如水资源、肥料资源等,还极大地减少了化肥农药的过度使用,减轻了农业生产对环境的压力,促进了农业生态系统的平衡与和谐。更为重要的是,它让农民在享受科技带来便利的同时,也提升了农产品的品质和产量,为农业的可持续发展奠定了坚实的基础。

(二)智能决策与优化布局

智慧生态农业的核心在于人工智能与机器学习技术的深度融入。这些技术如同农业生产的智慧大脑,对从田间地头收集的海量数据进行深度挖掘与分析,为农业生产提供了前所未有的智能决策支持。在这一模式下,农民不再依赖于经验或直觉进行种植决策,而是通过智能系统对作物产量、市场需求进行科学预测。系统能够综合考虑历史产量数据、气候条件、土壤状况、市场趋势等多重因素,构建出精准的预测模型。农民依据这些预测结果,可以科学规划种植结构,合理安排作物种植面积,有效避免生产的盲目性和市场风险的不确定性,确保农业生产的稳定性和收益性。智慧生态农业还根据土地的具体条件和气候特点,为农民智能推荐适宜的作物品种和种植技术。通过分析土壤类型、肥力、排水性能等关键指标,结合当地的气候特征,如降水分布、温度波动等,系统能够精准匹配最适合种植的作物品种,以及相应的栽培技术和管理措施。这种区域化、专业化的布局,不仅充分发挥了各地自然资源的优势,还提高了农作物的产量和品质,增强了农产品的市场竞争力。更为深远的是,智慧生态农业的推广,促进了农业生产的转型升级,推动了农业现代化进程。农民在享受科技带来的便利的同时,也逐渐转变为具有科学素养和现代管理能力的新型职业农民。

(三)生态循环与绿色发展

在智慧生态农业的发展过程中,生物质能源技术如同一座桥梁,连接起农业废弃物的处理与资源的循环利用,为农业的绿色发展开辟了新路径。在智慧生态农业的实践中,农业废弃物不再是无用的负担,而是被视作宝贵的资源。通过生物质能源技术,这些废弃物被高效地转化为有机肥料或生物燃料,如沼气、生物柴油等。这一转变,不仅解决了废弃物处理的问题,还实现了资源的循环利用,减少了对外部能源和化肥的依赖。有机肥料的使用,能够显著改善土壤结构,提高土壤肥力,为作物生长提供更为丰富的营养,从而形成了一个良性的生态循环。与此同时,智慧生态农业还倡导生态种植、养殖模式,强调在农业生产中减少化学物质的投入,如化肥、农药等。通过采用天敌控制、物理防治等生物防治手段,以及轮作、间作等种植方式,有效降低了化学物质对环境的污染,保护了生物多样性。生物多样性的提升,不仅增强了生态系统的稳定性,还为农作物提供了更为丰富的生态服务,如病虫害的自然控制、土壤肥力的自然恢复等。智慧生态农业的构建,不仅关乎技术的革新,更是一种理念的转变,强调人与自然的和谐共生,追求农业生产的可持续性。通过生物质能源技术的运用和生态种植、养殖模式的推广,智慧生态农业正在逐步构建一个资源高效利用、环境友好、生态平衡的可持续发展的农业生态系统。

(四)品牌塑造与市场营销

智慧生态农业,在提升农业生产效率与资源利用率的同时,也为农产品的品牌塑造与市场营销开辟了新路径,其中,区块链技术的引入,为农产品质量追溯体系的建立提供了强有力的技术支撑。通过为每一批次农产品分配唯一的数字身份,记录从种植、养殖、加工到销售的全链条信息,包括种子来源、施肥记录、病虫害防治、检测报告等,确保农产品的来源清晰可追溯,质量有保证。这种透明化的管理方式,极大地增强了消费者对农产品的信任度,满足了现代消费者对于食品安全与健康的高品质需求,为农产品品牌赢得了良好的市场口碑。在此基础上,智慧生态农业还充分利用电商平台、社交媒体等数字化渠道,进行精准营销和品牌推广。通过分析消费者行为数据,了解市场需求与偏好,农民或农业企业能够有针对性地定制营销策略,如推出符合特定人群口味的农产品礼盒、举办线上农耕文化节等,吸引目标消费者。同时,利用社交媒体平台的广泛影响力,通过分享农业生产故事、展示农产品生长过程、发布健康饮食知识等方式,增强与消费者的互动,提升品牌知名度与美誉度。这一系列举措,不仅拓宽了农产品的销售渠道,打破了地域限制,使优质农产品能够跨越千山万水,直达消费者餐桌,还显著提高了农产品的附加值和市场竞争力。

第三节 智慧生态农业的技术体系与支撑

一、智慧生态农业技术体系

(一)信息技术在智慧生态农业中的应用

数据采集与处理技术,作为智慧农业的基础,采用无人机遥感、地面监测设备等高科技手段,对农业生产过程中的各类数据进行实时采集、传输、存储并处理,为农业管理者提供了一套全面、准确、及时的信息体系。这些数据涵盖了作物生长状况、土壤环境、气候条件等多个维度,如同为农业生产绘制了一幅精细的数字地图,使管理者能够依据科学数据做出更加精准的决策。传感器技术在农业领域的应用更是遍地开花,展现了巨大的潜力与价值。土壤湿度传感器能够实时监测土壤水分含量,为灌溉管理提供科学依据;温度传感器帮助管理者掌握土壤和空气的温度变化,从而调整作物生长环境;光照传感器则确保作物能够获得适宜的光照条件,促进光合作用。这些传感器如同农田的神经末梢,将环境因子的微小变化转化为可量化的数据,为精细化管理农田提供了强有力的技术支撑。而远程通信技术,如4G、5G、物联网等,更是为农业信息的实时传输插上了翅膀。这些技术构建起了高速、稳定的通信网络,使得农业管理者无论身处何地,都能远程监控农业生产状况,及时获取田间地头的第一手信息。这不仅极大提高了管理效率,还使得农业生产能够更加迅速地响应市场变化,实现资源的优化配置。信息技术的深度融合,让智慧生态农业不再是遥不可及的梦想,而是成为触手可及的现实,让农业生产变得更加智能、高效、可持续,为农业的现代化转型注入了强大的动力。

(二)生物学技术在智慧生态农业中的应用

在生物育种领域,科学家们利用基因编辑、分子标记等现代生物技术手段,精准地改良作物遗传特性,成功培育出一系列具有高产、抗病、抗逆等优良性状的作物新品种。这些新品种不仅显著提高了农业产量,还优化了农产品品质,如提升口感、增加营养成分等,满足了市场对高品质农产品的需求,促进了农业增效与农民增收。与此同时,生物肥料与生物农药的研究与应用,为减少化学投入品使用、降低环境污染、提高农产品安全性开辟了新途径。生物肥料,如微生物菌肥、有机复合肥等,通过改善土壤微生物结构、提高土壤肥力,促进了作物健康生长,减少了对化学肥料的依赖。而生物农药,则利用天敌控制、植物源农药、生物制剂等手段,有效防治病虫害,降低了化学农药的残留风险,保障了农产品的绿色与安全。面对全球气候变化和极端天气条件的挑战,抗逆性植物研究显得尤为重要。科学家们通过筛选和培育能够抵御干旱、盐碱、高温、低温等逆境条件的作物品种,为农业生产提供了坚实的屏障。这些抗逆性作物能够在恶劣环境下保持稳定的产量,减少自然灾害对农业的影响,确保农业生产的连续性和稳定性,为我国粮食安全提供有力保障。

(三)环境科学与技术在智慧生态农业中的应用

环境科学与技术在智慧生态农业领域的深度渗透,正悄然改变着农业生产的面貌,为农业的绿色发展注入了强劲动力。农田水利工程技术,作为智慧农业水资源管理的关键一环,通过精密的水资源调配系统,实现了灌溉用水的精准控制与高效利用。这一技术不仅提高了农田灌溉的均匀度和效率,还有效降低了农业用水成本,缓解了水资源紧张的压力,为农业的可持续发展奠定了坚实的水资源基础。针对我国土壤退化这一严峻挑战,土壤改良与保护技术发挥了重要作用。这项技术综合运用物理修复、化学调理和生物改良等多种手段,对土壤进行全方位、多层次的治理。通过增加土壤有机质、调节土壤酸碱度、改善土壤结构等措施,有效提升了土壤的肥力和保水保肥能力,为作物生长提供了更加优越的环境条件。这不仅有助于提高农产品的品质和产量,还促进了农业生态系统的平衡与稳定。农业废弃物资源化利用技术通过微生物发酵、生物质能源转化等高科技手段,将原本被视为废弃物的农作物秸秆、畜禽粪便等转化为有价值的资源。这些转化产物,如有机肥料和生物质燃料,不仅减少了环境污染,还降低了农业生产成本,提高了农业的经济效益。同时,有机肥料的使用还进一步改善了土壤结构,提升了土壤肥力,形成了良性循环。环境科学与技术在智慧生态农业中的广泛应用,不仅解决了农业生产中的实际问题,还推动了农业生产方式的深刻变革,使农业生产更加智能化、高效化、绿色化,为农业的可持续发展开辟了新的道路。

二、智慧生态农业的支撑技术

(一)智能化控制系统

智能化控制系统,作为智慧生态农业的基石,将农业机器人、自动化设备及农业物联网平台等先进技术紧密融合,共同构建起一个高效、精准、可持续的农业生产体系。在这一体系中,农业机器人以其强大的作业能力和高度的灵活性,成为农业生产中的得力助手。它们能够精准执行种植、施肥、喷药、收割等一系列作业任务,不仅显著提升了农业生产效率,还有效降低了农民的劳动强度,让农业生产变得更加轻松高效。与此同时,自动化设备如智能灌溉系统、自动温室控制系统等,也在智慧生态农业中发挥着不可或缺的作用。智能灌溉系统通过实时监测土壤湿度和作物需水量,自动调节灌溉计划,实现了水资源的精准管理,既满足了作物生长的需求,又避免了水资源的浪费。而自动温室控制系统则能够精准调控温室内的温度、湿度、光照等环境因素,为作物生长创造最适宜的环境条件,从而提高作物的产量和品质。农业物联网平台作为智能化控制系统的中枢,将各类农业设备、传感器以及收集到的海量农业数据进行整合与分析。通过云计算、大数据等先进技术,平台能够实时监测农业生产状况,提供精准的决策支持。农民可以通过平台远程监控农田环境,及时调整生产策略,如作物种植结构、灌溉计划、病虫害防治措施等,实现了农业生产的智能化、精细化管理。

(二)农业大数据分析与应用

农业大数据分析与应用技术,作为智慧生态农业的神经系统,正深刻改变着传统农业的面貌,为农业生产注入了前所未有的智慧与活力。数据挖掘技术,犹如一把锋利的铲子,能够在海量的农业数据中深入挖掘,提取出那些隐藏的、有价值的信息。这些信息涵盖了作物生长周期、土壤养分状况、气候条件变化等多个维度,为农业生产提供了科学、精准的决策依据。农民可以依据这些数据分析结果,调整种植结构,优化资源配置,从而提高农业生产的效率和效益。农业模型的建立与优化,则是智慧生态农业中的另一大法宝,通过构建作物生长模型、病虫害预测模型等,可以实现对作物生长过程、病虫害发生趋势的精准预测。这些模型如同农业生产的天气预报,能够帮助农民提前做好准备,合理安排农事活动,有效预防病虫害的发生,降低农业生产的风险。同时,模型的不断优化与迭代,也使得预测结果更加准确,更加贴近农业生产的实际需求。农业预测与决策支持系统整合了气象、土壤、生物等多方面的数据,通过智能算法进行分析与决策,为农业生产提供全方位的决策支持。无论是企业制订生产计划,还是农民安排农事活动,都可以从这一系统中获取有针对性的建议与指导。这不仅提高了农业生产的科学性和合理性,还促进了农业产业的升级与发展,为智慧生态农业的蓬勃发展注入了强大的动力。

(三)农业科技创新与人才培养

在农业科研方法与技术创新领域,我国农业科学家不断探索,取得了一系列举世瞩目的突破性成果。生物育种技术的革新,使得作物品种更加高产、优质、抗逆,为农业生产注入了新的活力;生物肥料的研发与应用,有效替代了部分化学肥料,不仅减少了环境污染,还提升了土壤肥力,促进了作物的健康生长;生物农药的创新,更是为病虫害的绿色防控开辟了新路径,保障了农产品的安全与生态的平衡。与此同时,农业教育体系的改革也在为智慧生态农业的发展输送着新鲜血液。高等农业院校不断调整课程设置,强化实践教学,致力于培养既懂理论又擅实践的复合型农业人才。这些人才不仅具备扎实的农业科学基础,还拥有强烈的创新意识和实践能力,他们将成为推动智慧生态农业发展的中坚力量。此外,职业教育与技能培训的广泛开展,也为广大农民提供了提升自我、掌握新技术的机会,使得农业科技成果能够更好地转化为生产力,促进农业产业的升级与转型。加强农业人才队伍建设,提高农民素质,是智慧生态农业发展的必然要求。通过组织培训、现场指导、网络教育等多种形式,农民可以及时了解最新的农业科技信息,掌握先进的农业生产技术,提高农业生产效率与农产品质量。同时,鼓励农民参与农业科技创新活动,激发他们的创造潜能,也是推动农业科技成果转化、促进农业产业持续升级的有效途径。

第二章　智慧技术在农产品生产中的应用

第一节　智能感知与物联网技术的田间实践

一、田间环境监测

(一)土壤参数监测

为了实现田间管理的精细化与智能化,物联网技术正逐步融入现代农业,为土壤参数的实时监测提供了创新解决方案。通过在田间部署各类高精度传感器(如图2-1),能够实时捕捉土壤的温度波动、湿度变化、pH值失衡以及养分含量差异等关键信息。这些数据的即时反馈,如同为农田安装了一双慧眼,使农民能够直观、准确地了解土壤当前状态,及时洞察潜在问题。土壤温度的监测,有助于判断作物根系活动的适宜性,避免高温或低温对作物造成的伤害;湿度的掌控,是灌溉决策的重要依据,确保作物既能获得充足水分又不至于因过湿导致病害;pH值的监测,关乎土壤酸碱平衡,直接影响着养分的有效性与作物的吸收效率;养分含量的实时数据,更是指导施肥策略、实现精准施肥的关键。基于这些翔实的土壤参数,农民可以更加科学地调整作物种植结构,选择更适应当前土壤条件的作物品种,同时优化田间管理措施,如适时灌溉、合理施肥、土壤改良等。这种基于数据的决策方式,不仅提高了农业生产效率,减少了资源浪费,还促进了作物的健康生长,提升了农产品的质量与产量。

(二)气象参数监测

气象条件作为影响作物生长的关键因素,其变化无常给农业生产带来了

图 2-1 多参数土壤监测仪

图 2-2 田间气象站

诸多不确定性,为了在这一不可控因素中寻找主动权,田间气象站(如图2-2)的安装显得尤为重要。这些气象站如同农田的守护者,24小时不间断地监测着气温、湿度、降雨量、光照等一系列气象参数,为农业生产提供了宝贵的数据支持。气温的高低直接影响着作物的生长发育速度,适宜的温度能够促进作物光合作用,加速养分积累;湿度关系到作物的水分吸收与蒸腾作用,过高或过低的湿度都可能引发病害或影响作物正常生长；降雨量的监测，帮助人们合理安排灌溉计划，避免水资源的浪费或不足；光照是作物进行光合作用的基础，其强度与持续时间的精准把握，对于提高作物产量和品质至关重要。通过气象站收集到的这些数据，结合现代农业气象学的研究成果，人们可以更加准确地预测自然灾害的发生，如干旱、洪涝、霜冻等，从而提前制定应对措施，降低气象风险对农业生产的影响。例如，在预测到即将出现干旱时，可以及时调整灌溉策略，增加灌溉频次和水量；若预测到有大风或冰雹等灾害性天气，则可提前采取防护措施，减少作物损失。此外，这些气象数据还为田间管理策略的精细化调整提供了依据。根据不同作物的生长需求和当前气象条件，可以科学制定施肥、喷药、修剪等管理措施，确保作物在最佳的环境条件下生长，从而实现高产、优质、高效的农业生产目标。

（三）植物生长状态监测

通过高精度摄像头与各类传感器的紧密配合，能够实时捕捉作物的生长细节，包括株高、叶面积、茎粗等关键指标，这些数据如同作物的生长日记，详细记录着它们的成长轨迹。图像识别技术，凭借其强大的视觉处理能力，能够精准识别作物的生长形态，无论是嫩绿的叶片还是挺拔的茎秆，都在其"火眼金睛"下无所遁形。通过对拍摄到的图像进行深度分析，系统能够自动计算出叶面积的大小，评估作物的光合作用效率；株高与茎粗的测量，则反映了作物的生长速度与健壮程度，为评估作物整体生长状况提供了重要依据。传感器的加入，则进一步丰富了监测数据的维度。它们能够实时监测土壤环境、气候条件等外部因素，结合图像识别获取的生长参数，共同构建起一幅作物生长的立体画卷。这些数据，如同农田的体检报告，让农民能够及时了解作物的生长状态，发现潜在问题，如营养不足、病虫害威胁等，从而迅速采取相应措施，调整田间管理策略。基于这些科学数据，田间管理变得更加精准与高效，农民可以根据作物的实际生长情况，制订个性化的施肥、灌溉计划，避免盲目操作带来的资源浪费；对于生长异常的作物，也能及早发现、及早处理，确保作物健康生长，最终提升农产品的产量与品质。

二、智能控制系统在田间管理中的应用

(一)智能灌溉

在智慧生态农业的实践中,智能控制系统通过集成土壤湿度传感器与气象数据采集设备,系统能够实时监测土壤中的水分含量以及气温、湿度、光照等气象条件,为灌溉策略的制定提供科学依据。土壤湿度作为灌溉决策的关键指标,其变化直接影响着作物的水分吸收与生长状况。智能控制系统能够精确感知土壤湿度的微妙变化,当土壤水分低于作物生长所需的最适宜范围时,系统会自动启动灌溉设备,及时补充水分;当土壤湿度过高时,系统则会暂停灌溉,避免水分过多导致的根系缺氧或病害发生。这种按需灌溉的方式,既满足了作物生长的水分需求,又有效避免了水资源的浪费。同时,气象数据在灌溉策略的制定中也发挥着重要作用。系统会根据气温、湿度、光照等气象条件,预测未来一段时间内的天气变化趋势,从而提前调整灌溉计划。例如,在预测到即将出现高温干燥天气时,系统会适当增加灌溉频次和水量,以确保作物能够抵御干旱胁迫;在阴雨连绵的天气下,系统则会减少灌溉,防止土壤过湿。通过智能控制系统的精准调控,灌溉不再是一项盲目而粗放的工作,而是一项科学、精细的管理活动。

(二)自动施肥

借助先进的传感器技术与智能控制系统,农田的施肥策略正经历着前所未有的变革。这些系统能够实时监测土壤中的氮、磷、钾等关键养分含量,如同为农田配备了一位全天候的营养师。通过精准的数据分析,智能控制系统能够迅速判断土壤养分的盈亏状况,及时识别作物对养分的迫切需求。在此基础上,系统自动调整施肥计划,包括施肥的种类、数量与时机,确保每一粒肥料都能精准送达作物根部,满足其生长所需。这种精准施肥的方式,不仅提高了肥料的利用率,减少了养分的浪费,还有效避免了过量施肥带来的环境污染问题,如土壤盐渍化、水体富营养化等。智能控制系统的应用,让农田管理变得更加科学与高效。它打破了传统农业中凭经验施肥的模式,将施肥决策建

立在坚实的数据基础之上。农民可以通过系统反馈的养分监测报告,直观了解土壤养分状况,从而制定更加合理的施肥方案。这不仅降低了生产成本,提高了农作物的产量与品质,还促进了农业的可持续发展,为绿色农业、生态农业的建设提供了有力支撑。

(三)病虫害自动监测与防治

图像识别技术与物联网传感器的融合应用,通过安装在田间的高清摄像头,系统能够实时捕捉作物叶片、茎秆等部位的图像,利用先进的图像识别算法,自动识别出病虫害的种类与感染程度。这一技术的引入,使得病虫害的发现不再依赖于人工巡检,大大提高了监测的及时性与准确性。与此同时,物联网传感器在田间布设的网络,能够实时监测土壤湿度、气温、光照等环境因素,这些数据与图像识别结果相结合,为智能控制系统提供了全面的决策依据。当系统分析出病虫害达到防治阈值时,会自动启动喷洒设备,根据病虫害类型与感染程度,精准喷洒适量的农药进行防治。这种自动化的防治方式,不仅确保了农药使用的针对性与有效性,还避免了过量用药导致的环境污染与生态破坏。智能控制系统的应用,使得病虫害的防治工作更加科学、高效。它能够根据田间实际情况,自动调整防治策略,实现病虫害的早发现、早防治,有效降低了病虫害对作物的危害,保障了作物的健康生长。同时,由于农药使用的精准控制,大大减少了农药的用量与频次,减轻了对土壤、水源等生态环境的压力,促进了农业生产的可持续发展。

第二节 精准农业技术与装备的创新应用

一、土壤信息采集技术与装备

(一)土壤养分检测技术

随着科技的进步,土壤养分检测技术不断创新,为精准农业的发展注入了强劲动力。当前,国内外研究者正积极探索并应用多种快速、准确的土壤养分检测技术(如图2-3),以期实时、高效地掌握土壤养分状况,为精准施肥提供坚实的数据支撑,近红外光谱技术,便是其中的佼佼者。它利用近红外光与土壤养分间的相互作用,通过光谱分析,能够迅速获取土壤中氮、磷、钾等关键养分的含量信息。这一技术不仅操作简便、分析速度快,且对土壤样本的破坏性小,有助于实现土壤养分的动态监测与及时管理。X射线荧光光谱技术,则是另一项重要的土壤养分检测技术。该技术通过激发土壤样本中的原子,使其发射出特征X射线,进而分析土壤中的元素组成与含量。X射线荧光光谱技术具有高精度、多元素同时测定的优势,能够全面反映土壤的养分状况,为制定科学的施肥方案提供翔实数据。这些新技术的涌现,极大地推动了土壤养分检测的效率与准确性,使得精准施肥成为可能。农民可以根据土壤养分检测结果,及时调整施肥策略,避免养分的过量或不足,从而提高肥料利用率,减少环境污染,实现农业的高效与可持续发展。

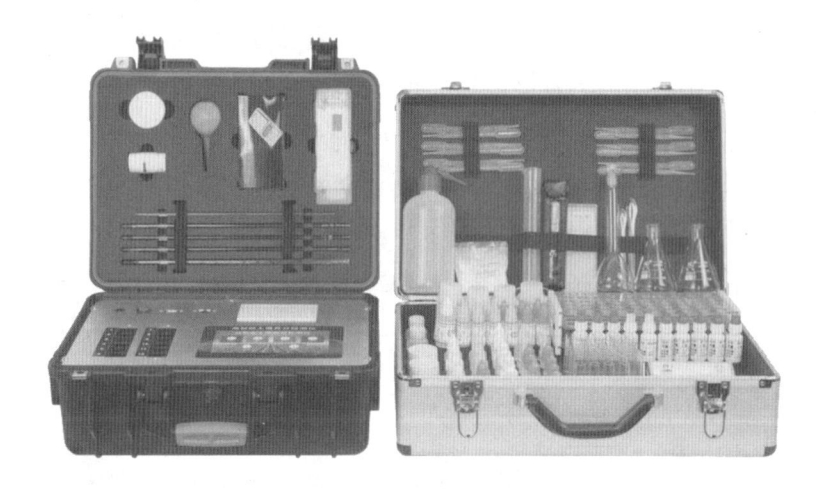

图2-3　土壤养分监测技术

(二)土壤水分测定技术

随着科技的进步,一系列高效、精准的土壤水分测定技术应运而生。电容法,作为一种常见的土壤水分测定技术,通过测量土壤介电常数的变化来间接反映土壤水分含量。该方法响应迅速,且对土壤类型的适应性较强,能够在不同土壤条件下提供较为准确的水分数据。时域反射法,利用电磁波在土壤中的传播特性来测定土壤水分。当电磁波遇到土壤中的水分时,会发生反射,通过测量反射波的时间差,可以计算出土壤的水分含量。该技术具有测量深度大、受土壤质地影响小的优点,适用于大面积农田的水分监测。频域反射法,则是通过测量土壤对特定频率电磁波的反射特性来推断土壤水分,该方法测量速度快,且能够连续监测土壤水分的变化,为实时灌溉决策提供了可能。

(三)土壤质地分析技术

当前,土壤质地分析技术的不断创新,为人们揭开了土壤质地的神秘面纱,为农田改良与作物种植提供了科学依据。颗粒分析技术,通过物理或化学方法将土壤分离为不同大小的颗粒,如沙粒、粉粒和黏粒,进而确定土壤质地类型。这一技术能够直观反映土壤颗粒的组成与分布,为评估土壤通气性、保水性及耕作性提供重要信息。比重法,利用土壤颗粒与水的比重差异,通过沉降速度来区分不同粒径的土壤颗粒。该方法操作简便、成本较低,适用于大规模土壤质地调查,有助于快速了解区域土壤质地的总体分布规律。激光散射法,作为新兴的土壤质地分析技术,通过激光束照射土壤样本,根据散射光的分布与强度来推断土壤颗粒的大小与形状。这一技术具有高精度、高效率的特点,能够实现对土壤质地的快速、准确测定,为精准农业提供有力支持。

二、植物生长监测技术与装备

(一)植株生长状态监测技术

传统方法往往依赖人工测量,不仅耗时费力,而且易受主观因素影响。近年来,随着科技的飞速发展,基于图像处理、激光雷达、三维扫描等先进技术的植株生长状态监测方法应运而生,为精准农业的发展注入了新的活力。图像处理技术,通过高清摄像头捕捉植株图像,利用算法对图像进行分析,能够精确测量植株的高度、叶面积等参数。这种方法不仅测量速度快,还能实现大面积监测,为作物生长状态的实时评估提供了可能。激光雷达技术,通过发射激光并接收其反射信号,构建植株的三维模型。该技术能够精确测量植株的茎粗、枝叶分布等细节信息,为作物生长状态的精细分析提供了有力支持。三维扫描技术,通过扫描设备对植株进行全方位、多角度的扫描,生成植株的三维点云数据。这些数据经过处理后,可以还原出植株的真实形态,为作物生长状态的监测与评估提供了更加直观、准确的信息。

(二)作物生理参数检测技术

叶绿素含量、光合速率、蒸腾速率等生理参数,直接关系着作物的光合作用效率、水分利用及抗逆性。当前,光谱分析、气体交换、荧光成像等技术在作物生理参数检测领域取得了显著突破,为精准调控农田环境、提升作物产量与品质提供了有力支撑。光谱分析技术,通过捕捉作物叶片反射或透射的光谱信息,能够间接推算出叶绿素含量、叶片水分状况等生理参数。这一技术具有非破坏性、实时监测的优势,有助于及时发现作物生长异常,为营养调控与病虫害防治提供科学依据。气体交换技术,通过测量作物叶片与大气间的二氧化碳与水汽交换速率,直接获取光合速率与蒸腾速率等关键生理参数。该技术能够精确评估作物的光合作用效率与水分利用状况,为优化灌溉、施肥策略提供数据支持。荧光成像技术,利用叶绿素荧光特性,能够直观显示作物光合作用过程中的能量转换效率与光合机构状态。

(三)植物病虫害监测技术

现代科技的飞速发展,为植物病虫害监测带来了遥感、图像处理、生物传感器等一系列高新技术手段,极大地提升了监测的实时性、快速性和准确性。遥感技术,借助卫星或无人机等平台,能够大范围、高效率地捕捉农田生态信息,通过对光谱数据的分析,可以及时发现病虫害引起的植被变化,为早期预警提供关键依据。图像处理技术,通过高清图像采集设备,对植株叶片、果实等部位的细微变化进行捕捉与分析,能够精准识别病虫害的种类与感染程度,为精准施药、减少农药使用提供科学指导。生物传感器技术,利用生物体对特定病虫害的敏感反应,通过监测生物体内的生理变化,实现病虫害的实时监测与预警,该技术具有高度的特异性和灵敏度,为病虫害的早期发现与防控开辟了新途径。

三、农田作业技术与装备

(一)变量施肥技术

变量施肥技术,作为现代农业精准管理的重要一环,其核心在于根据空间变异特性,对农田进行差异化施肥,既满足了作物生长的营养需求,又有效避免了肥料的过量使用。近年来,全球定位系统(GPS)、地理信息系统(GIS)与遥感技术(RS)的融合发展,为变量施肥技术的广泛应用提供了强大的技术支持。GPS技术确保了施肥作业的精确定位,使得肥料能够准确施加到目标区域,提高了施肥的精准度。GIS技术整合了土壤养分数据、作物种植信息及历史施肥记录等多源信息,构建了详尽的农田管理数据库,为制定科学的施肥方案奠定了坚实基础。而RS技术通过遥感影像分析,能够实时监测作物生长状况与土壤养分变化,为及时调整施肥策略提供了可靠依据。变量施肥技术的实施,显著提高了肥料利用率,减少了养分的流失与浪费,有效降低了因过量施肥导致的环境污染问题。同时,结合智能农机装备与精准农业管理系统,实现了施肥作业的自动化与智能化,减轻了农民劳动强度,提升了农业生产效率。

(二)变量喷药技术

变量喷药技术作为现代农业精准施药的重要手段,通过实时监测作物病虫害的发生程度与农田环境状况,动态调整喷药量与喷药时机,实现了农药使用的精准化与高效化。这一技术的核心在于其智能化与自适应性。它摒弃了传统农药喷洒的"一刀切"模式,转而采用无人机、自动化喷药设备等先进工具,根据实际需要进行精准作业。无人机凭借其高空作业、灵活机动的特点,能够迅速覆盖大面积农田,同时搭载的高精度传感器能够实时监测病虫害分布与密度,指导无人机在病虫害严重区域进行重点喷洒,在病虫害较轻或未发生区域减少或避免喷药,从而大幅度减少农药使用量,降低环境污染程度。自动化喷药设备通过集成的智能控制系统,根据农田环境参数与病虫害预测模型,自动调整喷药量与喷洒模式,实现喷药的精准控制。这些设备往往配备有先进的导航系统,能够确保喷药路径的精确,避免漏喷或重喷,进一步提高农药利用效率。变量喷药技术的应用,不仅显著减少了农药的浪费与环境污染,还降低了农业生产成本,提升了农产品的安全性与品质。

(三)精准播种与收割技术

近年来,国内外研究者不断探索创新,开发出了一系列高效、智能的精准播种与收割装备,为农业生产带来了革命性的变革。变量播种机,便是其中的典型代表。它能够根据土壤养分状况、作物种植密度及气候条件,自动调整播种量、播种深度及株行距,实现种子的精准定位与均匀分布。这一技术不仅提高了种子的发芽率与成活率,还优化了作物群体的空间布局,为后续的田间管理与高产稳产奠定了坚实基础。智能收割机,则以其高效、精准的作业性能,成为现代农业收割作业的主力军。通过集成先进的传感器、机器视觉与自动控制系统,智能收割机能够实时监测作物成熟度、识别作物类型,并自动调整收割速度、切割高度及脱粒参数,确保作物在最佳时间被高效收割,有效避免了因收割不当导致的产量损失与品质下降。

第三节　生长环境的智能监控与精准管理

一、生长环境智能监控技术

(一)发展现状

在农产品生产过程中,生长环境的监控技术作为提升产量、优化品质的关键环节,受到了前所未有的重视。我国农业科研机构与企业紧跟时代步伐,积极投身于智能监控设备与技术的研发浪潮中,取得了一系列令人瞩目的成果。生长环境智能监控技术,凭借其高精度、实时监测与智能调控的优势,正在逐步改变传统农业的生产模式。在设施农业领域,智能监控系统能够精准感知温室内的温度、湿度、光照强度及土壤养分等关键参数,通过数据分析与模型预测,自动调整环境控制设备,为作物生长创造最适宜的条件。这一技术的应用,不仅提高了作物的生长速度与品质,还有效降低了能源消耗与生产成本。

在果园与茶园,生长环境智能监控技术同样展现出了巨大的潜力。通过部署智能传感器与无人机巡检,可以实时监测果树的生长状态、病虫害情况以及茶叶的嫩度与采摘时机。结合大数据分析与人工智能算法,农民能够精准掌握作物生长的每一个关键节点,及时采取管理措施,提高农产品的产量与品质。此外,智能监控技术还促进了农业生产的可持续发展,通过精准施肥与灌溉,减少了化肥与水资源的浪费,降低了环境污染;通过病虫害的智能识别与预警,减少了农药的使用,保护了生态环境。

(二) 智能监控技术原理与应用

在智能监控技术体系中,传感器技术如同农田的神经末梢,实时监测着作物生长环境中的各种关键参数,包括温度、湿度、光照强度、土壤养分含量等,为精准农业管理提供了翔实的数据基础。数据采集与处理技术,是智能监控技术的"大脑",它负责将传感器收集到的海量数据进行高效整合、深度分析,通过算法模型挖掘数据背后的规律与异常,实现对生长环境的实时监测与精准预判。这项技术不仅能够及时发现作物生长的潜在问题,如病虫害的早期迹象、土壤养分的失衡等,还能根据作物生长周期与需求,制定个性化的管理方案,确保作物在最佳环境中茁壮成长。通信技术,是连接智能监控系统与用户的桥梁,利用物联网、无线网络等技术手段,将监测数据实时传输至云端服务器或用户终端,使得农业生产者能够随时随地掌握农田状况,及时做出决策。这种即时反馈机制,极大地提高了农业管理的效率与响应速度。在农产品生产中,智能监控技术展现出了巨大的潜力与价值。在病虫害预警方面,通过监测环境参数与作物生理指标,能够提前发现病虫害风险,及时采取措施进行防治,减少损失;在水肥一体化管理中,根据土壤养分与作物需求,精准调控灌溉与施肥,提高资源利用效率;在环境调控方面,通过智能温室、遮阳网等设施,自动调节温度、光照等条件,为作物创造最适宜的生长环境。

(三) 监控参数选择与优化

在生长环境智能监控的应用实践中,监控参数的选择与优化需紧密结合农作物的生物学特性与生长需求,细致分析并筛选出对作物生长影响最为显著的环境因素,如温度、湿度、光照、土壤养分及酸碱度等,作为核心监控参数。这些参数的精准把控,能为作物营造最适宜的生长环境,促进其健康茁壮生长。同时,考虑到我国地域辽阔,不同地区的气候特点、土壤类型及水文条件差异显著,监控参数的优化调整显得尤为重要。农民需根据当地的具体环境状况,对监控参数进行灵活设定与调整,以确保监控系统的准确性和实用性。例如,在干旱地区,应加强对土壤水分含量的监测与灌溉控制;在多雨地区,则需重点关注排水与防涝措施,避免作物受淹。为进一步提升监控参数的精准度与科学性,大数据分析与人工智能技术的应用不可或缺。通过对历史监测数据的深度挖掘与智能分析,可以揭示作物生长与环境参数之间的复杂关系,发现隐藏的规律与趋势。在此基础上,利用机器学习算法构建预测模型,能够预测不同环境条件下作物的最佳生长状态,并据此反推出最优的监控参数组合。这种基于数据的监控参数优化方法,不仅提高了农产品生产的科学性与精准度,还降低了生产成本与资源消耗,促进了农业的可持续发展。通过实时监控与智能调控,农民能够及时调整田间管理措施,有效应对各种环境挑战,确保农产品产量与品质的双重提升。

二、精准管理策略

(一)精准管理的重要性

随着农业现代化步伐的加快,传统粗放式管理已难以满足现代农业发展的需求,农业生产正悄然向精准化管理转型。这一转变,依托先进的数据采集、分析与处理技术,实现了对作物生长环境的全方位、深层次感知与精确调控。精准管理的核心在于"精"与"准"。通过部署智能传感器、无人机遥感及卫星遥感等高科技手段,实时收集土壤湿度、温度、光照强度、病虫害情况等关键数据。这些数据如同作物的生命体征,为管理者提供了全面、准确的生长环境信息。随后,借助大数据分析与人工智能算法,对这些数据进行深度挖掘与智能解读,揭示作物生长与环境因子之间的内在联系,为制定精准的田间管理措施提供科学依据。在精准管理的指导下,农民能够根据实际情况,及时调整灌溉量、施肥种类与数量、病虫害防治策略等,确保作物在最佳生长条件下茁壮成长。这不仅显著提高了农作物的产量与品质,还大大降低了因过量施肥、盲目用药等导致的生产成本上升与环境污染问题。精准管理如同一双无形的绿色之手,在促进农业增产增效的同时,也守护着绿水青山,推动了农业生产的可持续发展。此外,精准管理还促进了农业生产模式的创新。通过构建智能化、信息化的农业生产管理系统,农民可以远程监控作物生长状况,实现田间作业的智能化调度与精准控制。

（二）数据分析与处理

在精准管理农作物生长的实践中,通过部署各类高精度传感器,实时捕捉土壤湿度、温度、光照强度、二氧化碳浓度等多种环境参数,构建起一张庞大的数据网络。这些数据,如同作物的生命体征,详尽记录了其生长的每一个细微变化,为后续的精准管理奠定了坚实的数据基础。收集到的海量数据,其价值在于被有效地分析与利用。现代信息技术,尤其是大数据分析与云计算的引入,为这一任务提供了强大的技术支持。大数据分析技术,能够从海量、复杂的数据集中挖掘出隐藏的模式、趋势与关联,揭示出影响作物生长的关键因素。例如,通过对比不同时间段、不同环境条件下的数据,可以识别出哪些因素对作物的生长速率、产量乃至品质影响最大,从而为精准调控提供科学依据。云计算平台,则以其强大的计算能力与存储能力,为数据分析提供了高效、灵活的处理环境。云端的数据处理中心,可以快速整合来自各地的监测数据,进行实时的数据清洗、转换与分析,确保分析结果的时效性与准确性。同时,云计算还支持远程访问与数据共享,使得农业生产者、科研人员无论身处何地,都能及时获取最新的分析结果,指导生产实践。

（三）环境因素对作物生长的影响

在作物生长的奇妙旅程中,环境因素如同无形的指挥家,精准地调控着作物的生长节奏与品质形成。温度、光照、土壤湿度,这三大环境因素尤为关键,它们以独特的方式影响着作物的生长发育,共同编织着作物生长的生态画卷。

温度,作为作物生长的基石,其细微变化能引起作物生理机能的显著响应。不同作物对温度有着不同的偏好,存在着一个最适宜生长的温度区间。

在这个区间内,作物的酶活性最高,代谢速率最快,有利于营养物质的积累与细胞分裂,从而促进作物的健康生长。温度过高或过低,都会打破这种平衡,导致作物生长受阻,甚至引发病虫害,最终影响产量与品质。

光照,是作物进行光合作用的能量源泉,是作物生长不可或缺的动力。光合作用中,作物通过吸收光能,将二氧化碳和水转化为有机物,为自身生长提供能量与物质。光照不足,光合作用减弱,作物生长缓慢,叶片发黄,产量下降;光照过强,则可能导致叶片灼伤,光合作用效率降低,同样不利于作物的正常生长。因此,合理调控光照强度,确保作物获得适宜的光照条件,是提升作物品质与产量的关键。

土壤湿度,作为作物水分与养分的主要来源,对作物生长具有直接而深远的影响。适宜的土壤湿度能够保持土壤的良好通气性,有利于作物根系的呼吸与水分、养分的吸收。湿度过高,易导致土壤板结,根系缺氧,影响作物生长;湿度过低,则会造成作物缺水,生长受阻。因此,精准控制土壤湿度,保持土壤水肥平衡,是作物健康生长的重要保障。

(四)精准调控策略及其实现

基于深入的数据分析结果,能够针对不同作物的独特生长需求,有针对性地定制一系列精准调控策略,旨在优化生长环境,提升作物产量与品质。其中,自动灌溉、智能施肥以及病虫害防治构成了这套策略的核心组成部分。

自动灌溉系统,紧密依托土壤湿度监测数据,实现了灌溉过程的精细化控制。系统能够实时感知土壤水分的微小变化,当湿度降至预设阈值时,自动启动灌溉设备,精确调节灌溉水量与频率,既满足了作物生长的水分需求,又有效避免了水资源浪费,实现了节水灌溉的目标。这一智能化管理,不仅提高了灌溉效率,还促进了水资源的可持续利用。

智能施肥系统,依据土壤养分监测结果,为作物量身定制施肥方案。通过分析土壤中氮、磷、钾等关键营养元素的含量,系统能够精准判断作物当前的营养状况,并据此推荐适宜的肥料种类与施用量。这种按需施肥的方式,不仅提高了肥料的利用率,减少了养分流失,还有助于降低生产成本,提升农产品质量。

病虫害防治系统,通过综合监测环境参数与作物生长状况,构建起一套病虫害预警与防治机制。系统能够识别出病虫害发生的早期迹象,如特定环境条件下的异常变化、作物生长状态的细微异常等,从而提前制定并实施防治措施。它包括生物防治、物理防治与化学防治等多种手段,旨在将病虫害对作物的影响降至最低,保障作物的健康生长。

第四节　病虫害智能识别与绿色防控策略

一、病虫害智能识别技术

(一)病虫害智能识别技术概述

病虫害智能识别技术,作为现代农业科技的一颗璀璨明珠,巧妙融合了计算机视觉、人工智能、模式识别等前沿科技,为农作物病虫害的防控开启了一扇智慧之门。它不仅极大地提高了病虫害识别的速度与准确性,更为我国农产品质量的提升、生产成本的降低以及农业的可持续发展注入了强劲动力。在病虫害智能识别技术的框架下,图像识别技术通过高分辨率的摄像设备、技术能够捕捉到作物叶片、茎秆等部位的细微病变,这些图像随后被转化为数字信息,为后续的智能分析提供了丰富素材。人工智能算法是这一技术的核心引擎,它利用深度学习、机器学习等先进技术,对海量图像数据进行挖掘与学习,逐步构建起病虫害识别的知识库与模型。这一过程,如同为计算机安装了一双慧眼,使其能够准确区分病虫害的种类与程度。特征提取与选择是确保识别准确性的关键步骤。面对复杂的图像信息,病虫害智能识别技术需要精准地提取出病虫害的独有特征,如形状、颜色、纹理等,并通过算法筛选出最具代表性的特征组合,以排除干扰,提高识别的准确率。

(二)图像识别技术在病虫害监测中的应用

图像识别技术通过高精度摄像头采集农作物病虫害的图像数据,使人们得以在数字世界中捕捉病虫害的细微特征,为后续的分析与识别奠定坚实基础。图像处理技术在此过程中扮演着至关重要的角色,它通过对原始图像进行一系列预处理操作,如图像增强、去噪、分割等,有效提升了图像质量,使得病虫害的特征信息更加凸显,为后续的识别工作铺平道路。在特征提取的基础上,模式识别方法成为病虫害分类与识别的关键。当前,基于深度学习的卷积神经网络(CNN)技术以其强大的特征学习能力,在病虫害图像识别中展现出卓越性能。CNN能够自动从图像中提取层次化的特征表示,通过多层卷积与池化操作,逐步抽象出病虫害的高级特征,进而实现高精度的分类与识别。此外,支持向量机(SVM)等传统机器学习算法,在特定场景下也表现出良好的识别效果,尤其在处理小规模数据集时,其泛化能力与识别准确率不容小觑。在实际应用中,这些图像识别技术展现出了令人注目的效果。在复杂的农田环境中,病虫害的种类繁多,形态各异,且易受光照、遮挡等因素影响,但借助CNN、SVM等技术的强大能力,系统仍能保持较高的识别准确率和鲁棒性。

(三)人工智能算法在病虫害识别中的研究进展

卷积神经网络(CNN),作为深度学习的代表之一,它在病虫害图像识别中的出色表现尤为引人注目。CNN通过层层卷积与池化操作,能够深入挖掘图像中的局部特征与全局结构信息,实现对病虫害细微差异的精准捕捉,从而显著提升了识别的准确率。除了CNN,循环神经网络(RNN)也在病虫害识别中展现出了独特的优势。RNN擅长处理序列数据,能够捕捉时间序列中的依赖关系,这对于分析病虫害发展过程中的动态变化具有重要意义。通过RNN,研究人员可以更加深入地了解病虫害的生命周期与演变规律,为制定及时、精准的防控策略提供科学依据。此外,生成对抗网络(GAN)的引入,为病虫害识别带来了全新的视角。GAN通过生成器与判别器的对抗训练,能够生成逼真的病虫害图像样本,这不仅丰富了训练数据集,还增强了模型的泛化能力。利用GAN,研究人员可以模拟病虫害在不同环境条件下的表现,为算法的进一步优化与验证提供了有力支持。在这些新型算法的基础上,研究人员不断探索与创新,通过算法融合、模型优化、参数调整等手段,持续提高病虫害识别的准确性与实时性。例如,结合迁移学习技术,可以快速适应不同地区、不同作物的病虫害识别需求;采用轻量化模型设计,可以在保证识别精度的同时,降低计算复杂度,提高识别速度。

(四)病虫害特征提取与选择方法

面对海量的图像数据,有效的特征提取方法能够剔除冗余信息,保留关键特征,从而降低数据维度,减轻计算负担。主成分分析(PCA)便是其中的佼佼者,它通过正交变换将原始高维数据投影到低维空间,提取出最能代表数据变化的主要成分,有效降低了数据复杂度。线性判别分析(LDA)在降维的同时,考虑了类别信息,寻求最优的分类边界,进一步提升了识别准确率。特征选择方法,则是在已提取特征的基础上,进一步筛选出对分类最具贡献的特征子集。这一过程不仅减少了特征数量,还增强了模型的泛化能力。过滤式方法依据特征与目标变量之间的统计关系进行筛选,快速且高效;包裹式方法通过构建预测模型,评估特征子集的性能,选择最优组合;嵌入式方法将特征选择嵌入到模型训练过程中,实现特征与模型的联合优化。在实际应用中,研究者们需综合考虑病虫害类型、图像特点以及识别系统的具体要求,灵活选用特征提取与选择方法。例如,对于形态差异显著的病虫害,可能更倾向于使用能够捕捉形状特征的方法;对于颜色或纹理特征明显的病虫害,则可能选择侧重于这些特征的方法。通过精心设计的特征提取与选择策略,可以显著提高病虫害识别的准确性与鲁棒性,为农业生产提供及时、准确的病虫害预警信息,助力精准防控,保障作物健康生长。

二、绿色防控策略

(一)绿色防控策略概述

在农产品生产的广阔天地中,绿色防控策略正逐渐成为病虫害防治领域的新风向标。面对日益严峻的环境保护需求,传统依赖化学农药的防控方式已难以满足现代农业可持续发展的要求。绿色防控策略,以其环保、高效、可持续的特点,为农产品的安全生产与生态环境的和谐共生提供了全新路径。

生物防治,作为绿色防控策略的重要组成部分,通过利用天敌、微生物、植物源农药等自然力量,对病虫害进行生态调控。例如,引入害虫的天敌如瓢虫、蜘蛛等,可有效控制害虫种群数量;使用微生物制剂如细菌、真菌等,能特异性地抑制病虫害的发生与发展；植物源农药则源自天然植物提取物，在对病虫害具有防治效果的同时，对环境友好，不易产生抗药性。

物理防治，侧重于利用物理手段阻断病虫害的传播途径或破坏其生存环境。如采用防虫网覆盖，可阻止害虫侵入；利用性诱剂、色板等诱捕害虫，减少其田间数量；采用高温闷棚、低温冷冻等方法，则能直接杀灭病虫害，降低其存活率。

农业防治，是通过科学的田间管理措施，增强作物自身的抗病虫害能力。合理轮作、间作，能够打破病虫害的生命周期，减少其发生机会；深耕细作、清除田间残株病叶，可有效降低病虫害的越冬基数；选用抗病虫品种，提高作物的自然抵抗力，是农业防治的又一重要手段。

（二）生物防治方法在病虫害防治中的应用

生物防治，作为一种遵循自然生态规律的病虫害防控手段，其核心在于利用生物间的相互作用关系，以生态友好的方式防止病虫害的发生与危害，该策略摒弃了对传统化学农药的过度依赖，转而通过引入天敌昆虫、病原微生物等自然力量，构建起生物间的平衡制约机制，实现了对病虫害的绿色防控。在实际应用中，生物防治展现出诸多优势。首先，是其对环境的友好性，相对于化学农药，生物防治方法不会造成土壤、水源的污染，也不会破坏生态平衡，有利于保护生物多样性。其次，生物防治对人体健康无害，避免了化学农药残留带来的食品安全问题，符合现代消费者对绿色、健康农产品的需求。以天敌昆虫防治棉铃虫为例，通过科学引入棉铃虫的天敌，如瓢虫、食蚜蝇等，能够有效控制棉铃虫的数量，减少其对棉花的危害，既保障了棉花产量，又维护了生态平衡。再如，采用生物农药防治水稻病害，利用微生物发酵产生的代谢产物，如细菌制剂、植物源农药等，对水稻稻瘟病、纹枯病等具有显著的防治效果，且对水稻生长无负面影响，提高了水稻的品质与产量。

（三）物理防治方法在病虫害防治中的应用

物理防治方法通过诱杀、隔离、高温处理等技术手段，直接或间接地破坏病虫害的生长发育、繁殖及传播途径，从而达到有效控制病虫害的目的。相对于化学防治，物理防治方法具有操作简便、环境友好、成本低廉等诸多优点，广泛适用于各类农产品的生产过程。性信息素诱捕器,是物理防治中的一项创新技术。它利用害虫对性信息素的强烈反应,通过模拟并释放害虫的性信息素,吸引并诱杀害虫,从而有效降低其田间种群密度。这种方法具有高度的靶向性,对天敌及非目标害虫影响小,有助于维护生态平衡。防虫网的使用,则是另一种有效的物理隔离手段。通过在作物上方覆盖细密的防虫网,可以阻止害虫的侵入,同时不影响作物的通风透光,为作物提供一个相对封闭且安全的生长环境。防虫网的应用,不仅减少了农药的使用,还提高了作物的产量与品质。高温处理,作为一种直接的物理防治方法,主要应用于种子和土壤的处理。通过高温处理,可以有效杀灭种子和土壤中的病虫害,减少其初始感染源,为作物的健康生长奠定坚实基础,同时,高温处理还能促进土壤中有益微生物的活性,改善土壤结构,提升土壤肥力。

(四)农业防治方法在病虫害防治中的作用

农业防治方法侧重于通过优化作物种植结构、改善农田生态环境以及选用抗病虫害品种等综合性措施,从根本上降低病虫害的发生与传播风险,为农产品质量与安全的提升奠定了坚实基础。轮作与间作,作为农业防治的经典策略,通过不同作物在时间与空间上的巧妙搭配,有效打破了病虫害的生命周期与生存环境,减少了病虫源的积累与传播机会。轮作使土壤中的病原物与害虫失去连续寄生的条件,而间作则利用不同作物间的相互作用,如化感作用、竞争作用等,抑制病虫害的发生,促进了生态系统的平衡与稳定。选用抗病、抗虫品种,是农业防治中的另一重要举措。通过遗传育种技术,培育出具有天然抵抗病虫害能力的作物品种,能够从源头上减轻病虫害对作物的危害,减少农药使用,保障农产品的绿色与安全。这些抗病、抗虫品种往往具有更强的生命力与适应性,能够在恶劣环境中茁壮成长,为农业生产带来更高的产量与品质。此外,加强农田基础设施建设,提高作物抗逆性,也是农业防治方法不可或缺的一环。完善的灌溉系统、排水设施以及土壤改良措施,能够有效调节农田微环境,增强作物的抗旱、抗涝、抗风等能力,从而间接减少病虫害的发生。同时,合理的施肥制度与有机肥的施用,能够改善土壤结构,提高土壤肥力,为作物提供充足的营养支持,增强其自身免疫能力,抵御病虫害的侵袭。

第三章　智慧生态农业与农产品质量控制

第一节　农产品质量安全现状与挑战

一、农产品质量安全现状

(一)我国农产品质量安全的总体状况

近年来,通过不懈努力,我国农产品质量安全水平实现了显著提升,一系列法律法规的出台与标准体系的建立,为农产品质量安全构筑了坚实的制度保障。这些举措不仅规范了农业生产行为,还强化了农产品从田间到餐桌的全链条监管,确保了农产品质量的稳步提升。然而,农产品质量安全面临的挑战依然严峻。农业生产方式的多样性、技术水平的参差不齐以及环境质量的波动,都对农产品质量产生了重要影响。一方面,传统农业生产方式中农药、化肥的过量使用,以及不合理的耕作制度,可能导致农产品中有害物质残留;另一方面,随着工业化、城市化的加速推进,环境污染问题日益凸显,土壤、水源的污染成为影响农产品质量的新因素。此外,农产品流通环节的复杂性也增加了质量控制的难度。从生产到消费,农产品需要经过多个环节,每个环节的监管缺失都可能成为质量安全的隐患。

(二)农产品质量安全的主要问题

1. 农药残留

农药残留如同一把双刃剑,在保护作物的同时,也悄然威胁着农产品的品质与消费者的健康。农药残留的存在,直接影响了农产品的口感、营养价值与安全性。残留农药可能破坏农产品的原有风味,降低其市场价值;更有甚者,长期摄入含有农药残留的农产品,会对人体健康造成潜在危害,如影响内分泌系统、神经系统,甚至增加患癌风险。当前,我国农药残留超标现象在一些地区依然严峻。这背后,既有农业生产者追求短期效益、过量使用农药的原因,也有农药管理不规范、缺乏有效监管的问题。农药的滥用,不仅污染了土壤、水源,还破坏了生态平衡,对农业可持续发展构成了威胁。

2. 兽药残留

兽药在畜牧业中能够有效防治动物疾病,提升养殖效益,为畜牧业的健康发展提供有力支撑。然而,兽药的不规范使用与滥用现象,却日益凸显出兽药残留这一严峻问题。兽药残留,指的是动物在使用兽药后,药物或其代谢产物在动物体内或产品中残留。这些残留物不仅直接关乎农产品的质量和安全,更可能对人体健康构成潜在威胁。消费者在食用含有兽药残留的农产品时,可能会出现过敏反应,如皮肤瘙痒、呼吸困难等,严重者甚至危及生命。更为严重的是,兽药残留还可能诱导人体产生耐药性,使得原本对人体有效的药物在治疗疾病时失效,给公共卫生安全带来巨大挑战。兽药残留问题的根源,在于兽药使用的不规范与滥用。部分养殖者为追求短期利益,过量使用兽药,或在不恰当的时间使用,导致药物无法在动物体内完全代谢。

3. 重金属污染

重金属,这一难以被生物体降解的物质,其来源广泛,主要包括工业排放的废水、废气与废渣,农业投入品如化肥、农药中的重金属添加,以及土壤本身含有的重金属背景值高等。重金属污染对农产品的危害不容小觑。它不仅能降低农产品的营养价值与风味,更会在农产品中累积,通过食物链进入人体,对人体健康构成慢性威胁。重金属如铅、镉、汞等,即使在低浓度下,长期摄入也可能导致人体出现神经系统、消化系统、泌尿系统等多方面的健康问题,甚至增加患癌风险。

4. 其他污染与质量问题

农产品质量安全是一个复杂的问题,不仅关乎生产环节的管控,还深受后续加工、包装及运输等多个环节的影响。化学肥料的滥用是其中一个不容忽视的因素,它可能导致土壤结构破坏、水体污染,并通过食物链累积,最终影响人体健康。农民为追求高产,往往过量施用化肥,这不仅降低了农产品的营养价值,还可能残留有害化学物质,威胁消费者安全。

二、农产品质量安全面临的挑战

(一)农产品质量安全标准体系不完善

在我国农产品质量安全标准制定过程中,科学性与系统性的缺失是首要问题,部分标准未能基于实际深入研究与全面评估,导致与国际标准相比存在明显差距,难以充分满足国内外市场对高品质农产品的要求。此问题不仅削弱了我国农产品在国际市场的竞争力,也影响了国内消费者对农产品安全的信心。实施力度不足与监管缺失是另一大问题。即便有了科学合理的标准,若执行不力、监管不严,标准便如同一纸空文。监管体系的漏洞与执行力度的薄弱,使得一些不法商家有机可乘,违规操作屡禁不止。此外,农产品质量安全标准体系的更新不能跟上现代农业的发展步伐,也是不容忽视的问题。随着农业科技的快速进步与生产方式的不断创新,原有的标准已难以适应新情况、新问题,无法有效指导现代农业的安全生产与质量控制。

(二)农业生产模式与农产品质量安全

1. 传统农业生产模式的问题

传统农业生产模式长期依赖化肥、农药等化学投入品,虽在一定程度上提高了农产品产量,却也埋下了质量与安全的隐患。化肥的过量使用,不仅破坏了土壤结构,导致土壤板结、肥力下降,还使得农产品中硝酸盐含量增加,影响人体健康。农药的滥用,更是直接导致农产品中农药残留超标,长期摄入可能引发多种慢性疾病。更为严重的是,这种生产模式对生态环境的破坏,间接加剧了农产品质量安全风险。过度开垦土地,使得土壤侵蚀严重,土地沙化、盐碱化问题日益突出。滥伐森林,则破坏了生态平衡,减少了生物多样性,使得生态系统对病虫害的抵抗力降低,进而促使农民更加依赖农药来控制病虫害,形成恶性循环。同时,水源污染也成为农产品质量安全的又一威胁。工业废水、生活污水未经处理直接排放,以及农业面源污染,如化肥、农药随雨水流入河流、湖泊,导致水体中重金属、有毒化学物质含量超标。

2. 现代农业生产模式的优势

现代农业生产模式相对于传统模式,展现出对科技创新与可持续发展的深刻追求,不再局限于传统的耕作方式,而是积极拥抱先进的农业技术、设备以及管理理念,实现了农产品产量与品质的双重飞跃。通过精准农业技术的应用,如智能灌溉系统、无人机监测、土壤养分分析等,农业生产变得更加精细化、高效化,不仅提高了作物产量,还显著优化了农产品质量,满足了市场对高品质农产品的需求。更为重要的是,现代农业生产模式在提升效率的同时,也注重环境保护与资源节约。它倡导减少农药、化肥的过量使用,通过生物防治、物理防控等绿色手段控制病虫害,降低了化学物质对农产品的污染风险,有力保障了农产品的质量安全。此外,现代农业生产模式还积极推动生态农业、有机农业的发展,强调农业生态系统的平衡与和谐,通过循环农业、有机肥料使用等方式,提升土壤肥力,保护生物多样性,进一步增强了农产品的附加值与市场竞争力。这种模式的转变,不仅是对农业生产方式的革新,更是对农业可持续发展理念的践行。

(三)农产品质量安全监管体系与能力建设

1. 监管体系存在的问题

部门间职责界限模糊,分工不明确,常导致监管工作出现重叠或盲区,降低了监管效率,使得一些潜在的质量安全问题难以被迅速识别与应对。此状况不仅消耗了有限的监管资源,还削弱了监管的权威性和有效性。由于人力、物力等资源分配不均或投入不足,部分地区的农产品质量安全检查难以做到全面覆盖,导致一些问题农产品可能流入市场,威胁消费者健康。这种监管的死角和漏洞,无疑是对农产品质量安全防线的侵蚀。此外,监管资源的分散与缺乏有效的协调配合,也是制约监管效果的关键因素。各部门、各机构间信息共享不畅,协作机制不健全,使得在应对突发事件或复杂问题时,难以形成合力,导致监管行动迟缓,效果不佳。这种各自为政的状态,不仅浪费了资源,还削弱了监管体系的整体效能。

2.提高监管能力的措施

为全面提升农产品质量安全监管能力,首要任务是完善监管体制,明晰各部门权责边界,促进跨部门协作,形成监管合力,确保监管工作无死角、全覆盖。在此基础上,应加大监管力度,建立健全农产品质量安全风险监测网络,实施常态化监测与应急预警机制,对潜在风险早发现、早报告、早处置。同时,加强监管队伍建设至关重要,通过定期培训、考核激励等措施,不断提升监管人员的专业素养与业务能力,打造一支业务精、作风硬的监管队伍。此外,积极拥抱现代科技,运用物联网、大数据等信息技术手段,实现农产品生产、加工、流通全链条的智能化监管,提高监管效率与精准度。此外,还应主动对接国际标准,积极参与国际农产品质量安全交流与合作,学习借鉴发达国家在监管体系、技术应用、法律法规建设等方面的成功经验,结合我国实际加以吸收转化,不断推动我国农产品质量安全监管水平迈上新台阶。

第二节 智慧手段在质量控制中的关键作用

一、农业投入品管理

(一)农药残留检测

农药残留作为影响农产品质量与安全的关键因素,其有效控制是提升农产品品质、保障消费者健康的重要环节,为实现这一目标,采用高灵敏度的农药残留检测技术显得尤为重要。免疫分析技术,基于抗原与抗体特异性结合的原理,能够针对特定农药分子进行精准识别与定量,具有检测速度快、准确性高、操作简便等优势。该技术尤其适用于现场快速筛查,及时发现潜在的农药残留问题。质谱分析技术,以其强大的分离与鉴定能力,成为农药残留检测领域的"金标准"。它能够精确测量样品中农药分子的质量与结构,即便在复杂基质中也能准确识别微量农药残留,确保检测结果的准确性和可靠性。结合高效液相色谱或气相色谱等分离技术,质谱分析能实现对多种农药残留的同时检测,大大提高了检测效率与覆盖面。这些先进检测技术的应用,不仅为农产品质量控制提供了强有力的技术支撑,也促进了农业生产中农药使用的规范化与合理化,从源头上减少农药残留,保障农产品安全,让消费者吃得放心。

(二)化肥施用优化

智慧农业技术的兴起,为解决化肥过量施用问题提供了创新路径。通过集成高精度传感器与智能分析系统,智慧农业能够实时监测土壤养分状况,包括氮、磷、钾等关键元素的含量,以及土壤酸碱度、有机质等综合性指标。这些数据为农民提供了精准的土壤"健康报告"。基于土壤检测结果,结合作物生长周期与营养需求,智慧农业平台能够生成个性化的化肥施用方案。这种精准施肥策略,不仅避免了化肥的盲目过量使用,减少了养分流失与土壤污染,还显著提升了化肥的利用率,促进了作物健康生长,从而提高了农产品的品质与产量。智慧农业的精准施肥技术,不仅是对传统农业施肥方式的一次革新,更是推动农业绿色转型、实现可持续发展的关键举措。

(三)饲料质量监测

生物传感器,利用生物体(如微生物、酶、抗体等)对特定物质的敏感反应,能实时、精准地检测饲料中的营养成分如蛋白质、脂肪、纤维素等,以及有害物质如重金属、霉菌毒素、农药残留等。这一技术不仅提高了检测效率,还实现了对饲料质量的动态监控,及时发现并处理潜在问题。近红外光谱技术,则通过分析饲料样品在近红外区域的吸收、反射或透射光谱,快速获取其化学成分与物理性质信息。该技术无须进行复杂的前处理,即可实现对饲料中多种成分的快速检测,包括水分、蛋白质、脂肪、纤维素以及部分添加剂的含量,为饲料配方调整与质量控制提供了科学依据。这些高科技手段的应用,不仅有效保障了饲料的质量与安全,还促进了畜产品品质的提升,减少了因饲料问题导致的畜产品质量风险。

二、农产品加工与储运

(一)加工过程监控

通过物联网技术,加工设备被赋予"感知"能力,能够实时监测设备运行状态,包括温度、湿度、压力等关键参数,以及能耗、生产效率等性能指标。这些数据被即时传输至云端或数据分析平台,为管理者提供了全面的生产监控视图,一旦设备出现异常,系统能迅速发出预警,确保问题得到及时处理,避免生产中断与产品质量波动。与此同时,机器视觉技术以其高精度、高效率的特点,成为农产品加工质量检测的得力助手。摄像头与智能算法相结合,能够自动识别产品外观缺陷、尺寸不符、污染等问题,即便是微小的瑕疵也无所遁形。这种非接触式的检测方式,不仅提高了检测速度与准确性,还减少了人为干预,确保了加工过程中的质量稳定性与一致性。物联网与机器视觉技术的协同应用,不仅提升了农产品加工的效率与灵活性,而且构建了一道从原料到成品的全链条质量控制屏障,为消费者提供了更加安全、可靠、高品质的农产品,推动了农产品加工行业的智能化升级与可持续发展。

(二)储运环境控制

温湿度传感器能够实时监测仓库、运输车辆等储存与运输环境中的温度和湿度变化,这些数据对于控制农产品呼吸作用、减缓衰老、防止腐败至关重要。通过智能调控系统,如自动温湿度调节装置,可以确保农产品在最佳温湿度条件下储存与运输,延长其保鲜期。气体传感器则用于监测环境中的氧气、二氧化碳、乙烯等气体浓度,这些气体对农产品的呼吸作用、成熟速度及品质有直接影响。例如,高浓度的二氧化碳可以抑制果蔬呼吸,减少乙烯生成,从而延缓成熟;适量的氧气则是保持农产品新鲜度的必要条件。智能调控系统根据气体传感器反馈,可自动调节储存环境中的气体组成,创造最适宜农产品储存的氛围。

(三)质量追溯系统

借助二维码、无线射频识别(RFID)等现代信息技术,农产品的"身世"变得清晰可追溯。从田间地头的种植环节开始，每一粒种子、每一滴灌溉水、每一次施肥都被详细记录。进入加工阶段，原料来源、加工日期、生产线信息、质量检测报告等关键数据被一一录入系统，与产品紧密绑定。销售环节，无论是超市货架还是电商平台，消费者只需扫描产品上的二维码或使用RFID读取设备，就能轻松获取农产品的全链条信息，从源头到餐桌，每一个环节都透明可见。这种追溯机制，不仅为消费者提供了翔实、可信的产品故事，增强了消费信心，也为生产者、加工者、销售者各方建立了质量责任追溯机制，促使整个供应链更加注重产品质量与安全。农产品质量追溯体系的建立，是农业现代化、信息化的重要标志，它不仅提升了农产品质量安全管理水平，还促进了农业产业的转型升级，让优质农产品在市场中脱颖而出，消费者也能享受到更加安全、健康、可追溯的农产品，实现了生产与消费的双赢。

第三节　智能化检测技术与追溯体系的建立

一、农产品智能化检测技术解析

（一）光谱分析技术

在农产品智能化检测的广阔天地中，光谱分析技术根植于物质与光相互作用的科学原理，通过精准捕捉物质对光的吸收、发射或散射等光谱特性，如同为农产品进行了一场光学体检，能够快速揭示其成分构成、品质状况及安全性信息。光谱分析技术家族中，紫外-可见光谱、近红外光谱和拉曼光谱各司其职，共同构建起农产品检测的立体网络。紫外-可见光谱擅长检测农产品中的特定化学成分，如色素、添加剂等；近红外光谱以其穿透力强、信息量丰富的特点，成为评估农产品品质，如水分、蛋白质、脂肪含量等的得力工具；拉曼光谱则能在分子层面提供独特的振动指纹，对于识别农产品中的异物、残留农药等安全隐患具有独到之处。这些光谱分析技术共同的特点在于其快速、无损、高效的检测能力，无须破坏农产品原有结构，即可实现精准检测，既保障了农产品的完整性，又大幅提升了检测效率与准确性。

(二)生物传感器技术

生物传感器技术作为农产品智能化检测的前沿科技,通过将生物识别元件如酶、抗体、细胞等与传感器巧妙融合,为农产品质量检测开辟了新途径。这项技术凭借其高灵敏度与高特异性,能够精准识别并检测农产品中的特定生物分子,如农药残留、病原微生物、转基因成分等,即使在复杂样品中也能实现准确测定,有效提升农产品安全检测的精度与效率。生物传感器的快速响应特性,使得其在农产品生产、加工、储运等各个环节都能进行即时检测,及时发现潜在的安全隐患,为农产品质量控制提供有力支持。此外,其便携式设计与实时检测功能,打破了传统实验室检测的局限,使得现场检测成为可能,大幅缩短了检测周期,提高了检测效率。在农产品安全引发关注的今天,生物传感器技术以其独特优势,为农产品质量监管、市场准入、消费者保护等环节提供了强有力的技术保障,促进了农产品市场的健康发展,增强了消费者对农产品安全的信心,为构建安全、高效、可持续的现代农业体系贡献了科技力量。

(三)图像处理技术

这一技术通过对农产品图像的精心采集、细致处理与深度分析,能够精准评估农产品的外观品质、内部缺陷、成熟度等多项参数,为农产品质量控制提供有力支撑。图像处理技术的实施,涵盖图像采集、预处理、特征提取及分类识别等一系列精密环节。在图像采集阶段,高清摄像头或专业成像设备被用于捕捉农产品的细微特征;在预处理环节致力于图像去噪、增强与校正,确保分析基础的准确可靠;在特征提取阶段,利用算法提取出表征农产品品质的关键特征;分类识别环节,则借助深度学习、人工智能等先进算法,对特征进行智能解析,实现农产品的精准分类与评估。深度学习与人工智能的融入,极大地提升了图像处理技术在农产品检测中的准确性与实用性。这些技术的应用,不仅显著提高了农产品的分选效率,降低了人工成本,还进一步优化了产品质量,确保了消费者手中的每一份农产品都经过严格筛选,品质上乘。

二、农产品追溯体系的建立

(一)追溯体系的意义与作用

农产品追溯体系能有效确保农产品的质量安全,通过详尽的记录与透明的信息披露,让消费者能够清晰了解农产品的来源、生产过程及质量检测情况,从而增强消费信心,促进农产品市场的健康发展与消费升级。追溯体系还扮演着规范农产品生产流程的角色,它鼓励农民与生产企业采用标准化、科学化的种植与养殖方式,提升农产品品质与附加值,进而增加农民收入,激发农业生产活力。同时,追溯体系中的质量反馈机制促使生产者不断优化生产流程,满足市场对高品质农产品的需求。在监管层面,追溯体系为相关部门提供了高效的管理工具,通过对农产品流通各环节的实时监控与数据追溯,能够快速定位问题产品,及时采取措施,有效防止问题农产品的扩散,保障公众食品安全。这不仅提升了监管效率,也构建了更加安全、可靠的农产品供应链体系,让人民群众"舌尖上的安全"得到更有力的保障。

(二)追溯体系的关键技术

1. 标识技术

在农产品追溯体系中,标识技术通过对农产品及其相关信息进行唯一性标识,确保了产品从田间到餐桌的每一步都可追溯、可查询。当前,二维码、RFID、条形码等技术,作为标识技术的代表,以其各自独特的优势,在农产品追溯领域得到了广泛应用。二维码以其信息存储容量大、编码范围广、易于生成与扫描的特点,成为农产品包装上的常客,消费者只需通过手机轻轻一扫,即可获取产品的详尽信息。RFID技术则通过无线信号自动识别并读取农产品上的标签信息,实现了数据的快速、远距离传输,极大提高了追溯效率。而条形码,作为传统且成熟的标识技术,其简洁易用、成本低廉的特性,在农产品流通的各个环节中依然发挥着重要作用。这些标识技术不仅确保了农产品信息的准确记录与高效传递,还以其数据安全可靠、难以篡改的特性,为农产品追溯体系筑起了一道坚实的防线。

2. 数据采集与存储技术

从田间地头的种植记录,到加工厂的生产信息,再到物流环节的温湿度监控,每一项数据都是确保农产品质量与安全的关键。这些数据,包括但不限于产地、品种、生产日期、质量检测报告等,通过先进的传感器、智能设备等手段被高效采集。传感器如同智慧的触角,实时监测着农产品的生长环境与状态,将物理世界的信息转化为可量化的数据;智能设备,如手持扫码器、自动称重系统等,则在关键环节快速准确地记录农产品的流转信息。采集到的海量数据,随后通过云计算、大数据等现代信息技术进行存储与管理,实现了数据的即时上传、安全存储与高效检索。云计算平台提供了强大的数据处理能力,使得追溯系统能够迅速响应查询请求,无论是消费者追溯产品来源,还是生产者追溯问题根源,都能得到及时准确的信息反馈。同时,大数据技术的应用,让这些数据不仅是冰冷的数字,还转化为有价值的信息,为农业生产决策、质量控制、市场预测等提供科学依据,推动农产品追溯体系向更加智能化、精细化的方向发展。

3. 数据分析与处理技术

数据分析与处理技术通过对海量采集数据的深度挖掘与精细分析,为农产品质量安全管理提供了科学依据与决策支持。借助数据挖掘技术,隐藏在数据背后的规律与异常得以显现,无论是农产品的生长环境、加工过程,还是物流运输中的细微变化,都逃不过数据的火眼金睛。人工智能的融入,让数据分析更加智能高效。通过学习历史数据并与实时数据对比,AI 能够预测农产品质量安全的潜在风险,实现提前预警,防患于未然。模式识别技术则能够从复杂数据中识别出特定模式,为风险评估与优化决策提供依据,助力追溯体系精准识别问题,快速响应处理。这些先进技术的应用,不仅提升了农产品追溯体系的智能化水平,还显著增强了其对质量安全问题的应对能力。通过数据分析与处理,追溯体系能够更加精准地定位问题源头,追溯产品流向,有效控制风险扩散,确保消费者舌尖上的安全。

(三) 智能化检测技术在追溯体系中的应用

光谱分析技术,通过解析农产品对不同波长光的吸收、反射特性,能够快速检测其内部的化学成分与物理特性,如糖分含量、水分含量等,为农产品品质评估提供科学依据。生物传感器技术,利用生物体对特定物质的敏感反应,实现对农药残留、病原微生物等安全指标的精准检测,确保农产品安全无忧。图像处理技术,通过高清摄像头与先进算法的结合,能够自动识别农产品的外观特征,如大小、形状、颜色等,不仅有助于分级分类,还能及时发现外观缺陷或异物,保障农产品的完整性。这些智能化检测技术,不仅提升了检测效率与准确性,还为农产品追溯体系提供了强有力的数据支持。当智能化检测技术与大数据、云计算等现代信息技术相融合时,追溯体系的功能得到了极大拓展。通过对历史数据的深度挖掘与分析,可以为农产品生产、流通、销售等环节提供精准的预测与决策支持,如优化种植结构、调整库存策略、预测市场需求等,从而全面提升追溯体系的整体效能,促进农业产业链的智能化升级与可持续发展。

第四节　风险评估与智慧监管机制的完善

一、农产品质量风险评估

(一)农产品质量风险因素识别

在智慧生态农业的框架下,农产品质量风险因素的精准识别成为保障食品安全的首要环节,包括从生产源头到消费终端的全链条,涉及生物性、化学性与物理性三大风险维度。生物性风险,主要有病虫害的侵袭及病原微生物的污染,它们直接影响农产品的健康属性。为此,需运用基因组学分析等现代科技,快速识别病原体,预测病虫害发生趋势。化学性风险,聚焦于农药、兽药残留及重金属污染,这些隐形威胁需通过高通量检测技术等高科技手段,实现残留物的微量、快速检测,确保农产品纯净无污染。同时,智慧生态农业强调生态种植与养殖,减少化学投入品的使用,从根本上降低化学风险。物理性风险,则关乎农产品中的杂质、掺假等问题,这不仅损害消费者利益,也破坏市场信任。通过智能图像识别、物联网追踪等技术,可有效监控生产、加工、储存、运输各环节,及时发现并纠正物理性污染。

(二)风险评估方法与模型构建

在智慧生态农业中,精准识别并科学评估农产品质量风险是确保农产品安全的关键环节,其中,风险评估方法发挥着至关重要的作用,主要分为定性评估与定量评估两大类别。定性评估,依托专家丰富经验与风险矩阵等有效工具,对风险发生的可能性及其潜在严重性进行主观判断,为风险管理提供初步的方向性指导。而定量评估,则通过构建数学模型与运用统计分析手段,如危害分析与关键控制点(HACCP)体系,将风险量化,使评估结果更加客观、精确。在此基础上,融合人工智能、机器学习等前沿技术,结合大数据分析,可以进一步构建农产品质量风险评估模型。这一模型能够动态监控农产品生产、流通、销售等全链条中的风险因素,通过算法不断学习历史数据,优化风险评估的准确性。借助这一智能化风险评估模型,不仅能够实现对风险的即时预警与快速响应,还能预测风险趋势,为农业生产决策提供科学依据,助力智慧生态农业实现精准管理、高效运营。

(三)农产品质量风险预警与防范策略

预警系统需深度融合物联网、大数据与人工智能技术,实现对风险因素的动态监测与智能分析。通过设定科学合理的阈值,一旦风险指标触及或超过预警线,系统即刻触发警报,为快速响应提供时间窗口。防范策略需贯穿农产品生产、加工、流通全链条,从源头抓起,推广生态友好型绿色防控技术,减少对化学农药的依赖;严格实施农产品质量检测标准,利用高精度检测技术,确保产品合规;加强对农业投入品的监管,从源头上把控质量关卡;通过教育培训,提升农民与企业的质量安全意识,形成自发自觉的质量管理文化。智慧生态农业还倡导建立多元共治机制,通过制度引导与市场激励双轮驱动,鼓励供应链各环节主体主动参与质量风险防范,形成行业自律与社会监督的良性互动。此外,应建立预警与防范策略的定期评估与优化机制,根据实施效果与外部环境变化,灵活调整策略,确保其始终保持高效与适应性,为农产品质量安全筑起坚实的防线,推动智慧生态农业持续健康发展。

二、智慧监管机制在农产品质量保障中的应用与完善

(一)智慧监管机制构建的理论基础

智慧生态农业中,农产品质量智慧监管机制的构建,深深根植于现代信息技术、大数据分析、云计算及物联网等科技沃土。这些先进技术如同神经脉络,贯穿农产品生产、加工、销售的全链条,实现全程实时监控与数据追溯,为农产品质量筑起坚实的防线。同时,风险管理理论为智慧监管提供了科学框架,指导人们识别、评估、控制各环节中的质量风险,确保农产品安全无虞。供应链管理理论优化了农产品从田间到餐桌的每一环节,提升效率,减少损耗,保障新鲜与质量。系统论则强调整体协调与最优配置,促使智慧监管机制内部各要素协同工作,形成合力。在此基础上构建的智慧监管机制,不仅科技含量高,而且理论根基扎实。它运用大数据分析预测风险趋势,运用云计算平台实现数据实时共享,运用物联网技术让农田与餐桌无缝对接。这一机制高效运转,不仅显著提升了农产品质量,还有效降低了质量风险,促进了农业资源的可持续利用,推动了智慧生态农业的蓬勃发展。

(二)智慧监管技术的研发与应用

我国在相关技术研发上已取得显著进展,如依托物联网技术构建的农产品质量监测系统,能够实时监控产地环境指标,确保生产条件的最优化;基于大数据分析的农产品质量模型,则能深入挖掘数据背后的质量规律,为精准管理提供科学依据。这些技术成果已广泛渗透于农产品生产的各个环节,从产地的土壤、水质监测,到生产过程中的温湿度、光照控制,再到最终产品的质量检测与溯源,智慧监管技术全方位保障了农产品的品质与安全。通过质量追溯系统,消费者可以轻松追溯农产品的生产历程,了解每一环节的质量信息,这不仅增强了消费者对农产品的信任,也促进了农业生产者更加注重品质提升与规范管理。智慧监管技术的应用,不仅提升了农产品质量,还优化了农业生产流程,降低了成本,提高了效率,为农业可持续发展注入了强劲动力。

(三)智慧监管在农产品质量保障中的优势与不足

智慧监管在智慧生态农业的农产品质量保障中展现出显著优势,其实时监测能力如同千里眼,让质量风险无处遁形;快速响应机制则如闪电般迅速,确保问题一旦发现能得到及时处理;精准防控策略更是精准制导,直击风险要害,有效降低质量风险的发生概率。然而,智慧监管并非万能,其在农产品质量保障中的应用也面临着一些挑战。技术手段的成熟度是制约智慧监管效能的关键因素。尽管科技日新月异,但部分技术在实际应用中仍存在稳定性、准确性等问题,需要进一步研发与优化。此外,数据共享与互联互通的程度也影响着智慧监管的效率和效果。当前,不同系统、不同平台间的数据壁垒依然存在,阻碍了信息的流畅传递与高效整合。同时,智慧监管的构建与运行成本也不容忽视。高昂的技术投入、复杂的系统维护以及专业人才的培养,都增加了监管的经济负担,对于资源有限的农业主体来说,更是一大考验。这些问题在一定程度上限制了智慧监管在农产品质量保障中的全面应用与深入发展,需要业界共同努力,不断探索技术创新与模式优化,以克服挑战,充分挖掘智慧监管在智慧生态农业中的巨大潜力。

(四)智慧监管机制的完善路径与策略

1. 强化技术应用与融合

完善农产品智慧监管机制,关键在于深度融合物联网、大数据、人工智能、区块链等前沿技术,将其贯穿于农产品生产、加工、流通及销售的全链条之中。物联网技术以其强大的感知能力,实现农田环境的实时监测,为精准灌溉、施肥提供科学依据,确保农产品生长环境的最优化。大数据技术像一双慧眼,收集并整合农业生产中的海量数据,通过深度挖掘分析数据价值,为农业生产决策与管理提供精准指导。人工智能技术以其独特的智能识别与分析能力,在病虫害预警、农产品品质检测等方面大放异彩,不仅提高了检测效率,还显著提升了检测的准确性。而区块链技术,则以其去中心化、不可篡改的特性,为农产品信息的真实性与透明度提供了有力保障,增强了消费者对农产品的信任感。通过这些技术的协同作用,为智慧生态农业构建起了一个全方位、多层次的监管网络,不仅提升了农产品质量监管的效能,还促进了农业生产方式的智能化转型,为农业可持续发展注入了新的活力,确保了农产品从田间到餐桌的每一步都安全、可追溯,让消费者吃得放心、吃得健康。

2. 构建标准化与信息化体系

标准化是质量的标尺,要求建立健全覆盖农产品全生命周期的质量标准体系,从种植养殖的源头抓起,延伸至加工、包装、储运等每一个环节,确保每一步操作都有规可依、有章可循。这不仅提升了农产品的品质与安全性,也为智慧监管提供了明确的评判准则。信息化则是监管的加速器,它通过农产品追溯系统的建立,让每一份产品都拥有了独一无二的"身份证"。条码、RFID等技术的应用,使得产品信息的记录、查询与追溯变得轻松快捷,消费者只需轻轻一扫,便能了解农产品的来龙去脉。同时,智能监管平台的开发,更是将数据的实时上传、高效分析与精准预警融为一体,监管者能够迅速掌握市场动态,及时发现并处理潜在风险,大大提高了监管的时效性与精确度。标准化与信息化的深度融合,不仅提升了农产品智慧监管的智能化水平,也增强了监管的透明度与公信力。

3. 加强多方协同与公众参与

在多方主体协同合作体系中,各方要各司其职,紧密配合。制度制定者需发挥引领作用,通过出台相关制度,为智慧生态农业的发展指明方向,同时提供必要的资金支持,促进先进技术的研发与应用,以及行业标准的制定与完善。企业作为农产品生产与流通的主体,应积极响应制度号召,加强内部管理,严格控制生产流程,确保产品质量,同时利用物联网、大数据等技术手段,提升自我监管能力,实现生产过程的透明化与可追溯。科研机构是技术创新的源头,应持续深耕农业科技领域,不断研发新技术、新方法,为智慧监管提供强大的智力支撑,推动农业监管方式的智能化、精准化转型。而公众作为农产品的最终消费者,其参与度与监督力量不容忽视。通过科普教育,提高公众对农产品质量安全的认知,激发其参与质量监督的热情,形成全社会共同关注、共同监督的良好氛围。

第四章　农产品标准化生产中的智慧农业

第一节　标准化生产的意义与智慧农业的角色

一、农产品标准化生产的内涵与价值

(一)农产品标准化生产的定义与内容

农产品标准化生产意味着将整个生产过程纳入一套科学、严谨的规范体系之中,确保农产品从田间地头的萌芽到消费者餐桌上的呈现,每一步都精准可控,品质卓越。这一理念,贯穿于种植、养殖、加工、储存、运输等全链条,每一个环节都遵循既定的标准,力求达到最佳的质量要求。在智慧生态农业的框架下,农产品标准化生产不仅关注传统的农业生产技艺,更深度融合了现代科技的力量。品种选择,依据市场需求与生态适应性,精选优质种子;土壤改良与施肥,借助物联网技术,实现精准施肥,既满足作物生长需求,又避免资源浪费;灌溉系统智能化,根据作物生长周期与天气变化,自动调节水量,保持土壤适宜湿度;病虫害防治,运用大数据分析与人工智能预测,提前预警,采取生物防治与物理防控相结合,减少化学农药使用。收割与加工环节,同样遵循严格的标准,确保农产品在加工过程中营养成分与风味得以最大程度保留;储存与运输,利用冷链物流技术,保持农产品新鲜度,确保从产地到餐桌的每一个环节,农产品都能保持最佳品质与安全性。农产品标准化生产,在智慧生态农业的推动下,正逐步成为保障食品安全、提升农业竞争力、促进农业可持续发展的关键路径。

(二)标准化生产对农产品质量安全的保障

在智慧生态农业的宏大画卷中,农产品质量安全如同基石,稳固支撑着整

个产业的健康发展与消费者的信赖之基,而标准化生产,作为这道基石的雕琢者,从源头上紧紧把住了质量安全的关卡。它像一道精密的滤网,严格控制着农药、重金属等有害物质在农产品中的残留,确保每一颗果实、每一粒粮食都纯净无瑕,品质卓越。这不仅是对消费者健康的负责,更是对农业可持续发展的承诺。标准化生产不仅仅关注产品的最终质量,更将目光投向了生产的全过程。它强调可追溯性,为每一份农产品都编织了一份详尽的"成长档案"。从播种的那一刻起,到收获、加工、包装,直至送达消费者手中的每一个环节,都被细致记录,有据可查。这份档案,如同一盏明灯,照亮了前行的道路。一旦出现问题,便能迅速定位源头,斩断风险传播的链条,及时采取有效措施,将损失降到最低,让消费者的权益得到最大程度的保障。在智慧生态农业的实践中,标准化生产不仅是质量的守护者,更是效率的推动者,促使农业生产向更加科学化、规范化、精细化的方向迈进,为农产品质量安全的持续提升与农业产业的转型升级注入了强劲动力。

(三)标准化生产对提高农业效益的作用

标准化生产是提高农业效益、推动产业升级的关键引擎。通过科学合理的生产方式,标准化生产能够显著提高农产品的单位面积产量,使得每一寸土地都能发挥出最大的生产潜力,这得益于精准的种植技术与智能化的管理手段。同时,规范化管理带来的资源高效利用,有效降低了生产成本,从种子选择到收获加工,每一个环节都力求精简高效,减少了浪费,提升了农业生产的整体经济效益。更为重要的是,标准化生产铸就了农产品的优质品牌,这些经过严格标准打造出的农产品,以其卓越的品质赢得了市场的广泛认可,不仅提高了农产品的附加值,更为农民带来了可观的收入增长。在市场的推动下,消费者对高品质农产品的需求日益增长,这进一步激励了农业生产者遵循更高标准,形成良性循环。此外,标准化生产还是农业产业升级的重要推手,它引领农业从传统粗放型生产方式向现代化、智能化方向迈进。智慧生态农业的兴起,使得农业生产更加依赖于数据分析与精准决策,农业生产流程更加透明、可控,不仅提升了生产效率,还促进了农业与科技的深度融合,为农业的可持续发展开辟了广阔空间。

二、智慧农业的角色

(一)智慧农业的生产管理者

智慧农业,作为现代农业发展的崭新阶段与高级形态,深度融合了物联网、大数据、人工智能等前沿科技,扮演着农业生产管理者的核心角色,引领着农业向更加精细化、智能化的方向迈进。在智慧生态农业的框架下,农业生产不再依赖于传统的经验与直觉,而是基于实时数据的科学决策。从种植前的土壤分析、品种选择,到田间的精准管理,智慧农业能够全方位监测土壤湿度、养分含量、气候条件等关键因素,为农作物量身定制最适宜的生长环境。智能灌溉系统根据土壤墒情与作物需水规律,自动调节灌溉量与频率,实现水资源的最大化利用;精准施肥技术则依据作物生长周期与营养需求,制定个性化的施肥方案,既满足了作物生长所需,又避免了过度施肥带来的环境污染。更为关键的是,智慧农业利用大数据分析与人工智能算法,对病虫害进行早期预警与精准识别,及时采取生物防治、物理防控等绿色手段,有效控制病虫害,降低了化学农药的使用,保障了农产品的绿色、安全与高品质。

(二)智慧农业的决策支持者

智慧农业凭借大数据分析这一利器,深入农业生产的每一个环节,对海量数据进行全面采集、深度挖掘与智能分析,为农业生产者点亮了科学决策的明灯。在种植结构的调整上,智慧农业依据历史数据与市场趋势,精准预测各类农产品的需求变化,指导生产者合理布局,优化种植结构,确保农产品供需平衡,减少市场波动带来的风险。同时,它还能对气象、土壤、水质等多项数据进行综合分析,为生产者提供个性化的种植建议,提升农产品的品质与产量。面对瞬息万变的市场,智慧农业更是展现出强大的预测能力。它通过对市场数据的实时监测与深度分析,提前预警市场风险,帮助生产者把握市场动态,及时调整销售策略,有效规避市场风险,确保农业生产的稳定收益。此外,智慧农业还能运用模拟预测技术,对不同农业生产方案进行效果评估与对比,为生产者筛选出最优方案,提高资源利用效率,降低生产成本,实现农业生产的经济效益与可持续性双赢。

(三)智慧农业的质量守护者

智慧生态农业通过构建全面而精细的农产品质量追溯系统,将农产品的每一个环节——从田间播种到餐桌呈现,都纳入了可追溯的范畴。这一系统确保了农产品的来源明晰无误,生产过程透明可控,让消费者能够清晰地了解农产品的"身世",吃得放心,用得安心。智慧农业不仅用于追溯,更运用先进的智能检测技术,对农产品进行全方位、多层次的品质检测。从土壤检测到收获后的成品检验,每一环节都严格把关,及时发现并妥善处理任何潜在的质量问题,确保农产品从内到外都符合高标准的安全与健康要求。智慧农业还巧妙融合区块链技术,为农产品信息的安全与透明提供了强有力的保障。区块链的不可篡改性,使得农产品的所有信息,包括生产、加工、运输等各个环节的数据,都能被真实、完整地记录与存储。这不仅增强了信息的可信度,也极大地提升了消费者对农产品的信任度,让消费者在享受美味的同时,也能感受到智慧生态农业带来的安心与可靠。

(四)智慧农业的创新驱动者

智慧农业不仅是农业生产的忠实实践者,更是农业科技创新的积极推动者与创新源泉,不断探索着新技术、新方法在农业领域的无限可能,引领着农业科技的进步与革新浪潮。在智能农机装备的研发上,智慧农业展现出强大的创新力。它融合物联网、人工智能等先进技术,让农机装备拥有"智慧大脑",实现精准作业、智能监控与高效管理,极大地提升了农业生产的效率与精度。同时,在农业生物技术领域,智慧农业也有了突破性的进展,通过基因编辑、生物育种等前沿技术,培育出更高产、更抗逆的作物品种,为农业生产注入新的活力。智慧农业还搭建了"产学研用"紧密结合的创新平台,促进了科研成果的快速转化与应用。在这里,科研机构、高校与企业紧密合作,共同攻克农业技术难题,将实验室里的创新成果转化为实际生产力,为农业产业的升级与转型提供了强有力的技术支撑。在生态农业的征途中,智慧农业正以科技创新为引擎,驱动着农业产业向着更加智能化、绿色化、可持续化的方向迈进。

第二节 智慧农业推动标准化流程的建立

一、智慧农业标准化流程的核心要素

(一)数据采集与分析

智慧农业作为现代农业发展的新方向,通过集成先进的传感器技术,如土壤湿度传感器、气温传感器以及光照强度传感器等,智慧农业系统能够实时捕捉农田环境的细微变化,包括土壤条件、气候状况及病虫害发生情况等,为农作物的生长提供详尽的环境参数。同时,无人机巡检技术的引入,进一步拓宽了数据采集的维度与广度,不仅能够高效地进行大范围农田的影像拍摄,识别作物生长状态及分布密度,还能辅助进行精准施肥、喷洒农药等作业,极大地提高了农业管理的效率与精确度。这些数据通过物联网技术汇总至云端数据中心,构建起庞大的农业大数据资源池。随后,运用大数据分析算法,如机器学习、人工智能等技术手段,深度挖掘数据背后的潜在规律与关联性,比如作物生长周期与环境因素的相互作用、病虫害发生趋势预测等,为农业生产提供科学依据与前瞻指导。农民和农业企业可以依据这些分析结果,调整种植结构,优化资源配置,实施个性化的田间管理措施,从而达到增产增效、减少资源浪费的目的。此外,智慧农业平台还能结合历史数据与实时监测信息,为农业生产提供精准的天气预报、病虫害预警等服务,帮助决策者提前制定应对策略,降低自然灾害与病虫害带来的风险。通过数据驱动的智慧农业实践,不仅提升了农业生产的智能化水平,也促进了农业可持续发展,为构建绿色、高效、现代的农业产业体系奠定了坚实基础。

(二)决策支持与智能化控制

智慧农业,作为现代农业发展的新方向,深度融合了人工智能、机器学习等前沿技术,为农业生产带来了革命性的变革。通过高精度传感器广泛采集土壤湿度、光照强度、气温等环境参数,以及作物生长状态数据,构建起全面的农业大数据平台。这些数据经由云计算处理,运用机器学习算法分析作物生长的最优条件,预测作物产量,为农民提供精准种植决策支持,让农业生产从凭经验说话转向靠数据说话。在智能化控制系统的助力下,农田管理实现了质的飞跃。灌溉系统根据土壤墒情监测结果自动调整灌溉量,采用滴灌、喷灌等节水技术,既满足作物水分需求,又避免了水资源浪费。施肥管理依据作物营养需求模型和实时养分监测数据,智能化配比肥料种类与用量,实施精准施肥,减少化肥过度使用造成的环境污染,同时提升肥料利用率。对于病虫害防治,智慧农业利用图像识别技术和大数据分析,早期识别病虫害迹象,结合生物防治、物理防治与化学防治方法,智能推荐最佳防治策略,减少农药使用,保障食品安全。此外,通过无人机巡检、智能机器人等现代科技手段,实现对农田的高效监控与精准作业,进一步减轻人力负担,提高作业效率和精度。

(三)生态平衡与资源优化配置

智慧农业标准化流程,从农田规划布局开始,便融入了生态设计理念。通过科学划分种植区域,合理安排作物轮作与间作,不仅有效避免了土壤养分的过度消耗,还促进了生态多样性的保护,减少了农业生产对自然环境的破坏。在此基础上,智慧农业积极推广绿色生产技术,如生物防治、有机肥料替代化肥、精准灌溉等,这些技术的应用显著降低了农药与化肥的使用量,减少了农业面源污染,提升了农产品的品质与安全性。同时,物联网技术的融入,使得农田环境监控与作物生长管理实现了质的飞跃。传感器网络覆盖整个生产区域,实时监测土壤湿度、养分含量、气候条件等关键指标,为精准管理提供了翔实数据支持。云计算平台则承担起数据处理与分析的重任,通过算法模型,将收集到的海量数据进行深度整合与智能分析,指导农民实施水肥一体化的精准调控,确保每一滴水、每一份肥料都能恰到好处地作用于作物生长,极大提高了资源利用效率,减少了浪费。这种基于数据的决策支持,还帮助农民预测作物病虫害发生趋势,使农民提前采取防治措施,进一步保障了农业生产的稳定与高效。

二、标准化流程的实施步骤

(一)确立目标与需求

智慧农业的核心目标聚焦于解决农业生产中的关键问题,推动农业生产流程标准化、智能化,从而提升农作物产量,优化资源配置,保障食品安全,同时减少对环境的影响。面对农业生产中的诸多挑战,如水资源短缺、肥料过度使用、病虫害频发及劳动力成本上升等,智慧农业首先明确问题导向,利用智能感知设备实时监测土壤、气候及作物生长状态,为精准管理提供数据支撑。基于大数据分析,识别作物生长的最佳环境参数与营养需求,构建作物生长模型,指导灌溉、施肥等农事活动的精准执行,有效缓解资源浪费与环境污染问题。在病虫害防治方面,智慧农业通过图像识别与预测模型,提前预警病虫害发生,帮助采取综合防治措施,减少化学农药依赖,保障农产品质量与安全。同时,利用无人机、智能机器人等自动化装备,实现农田的高效巡检与精准作业,降低人力成本,提高作业效率。为进一步推动农业生产流程的标准化,智慧农业依托云计算平台,整合农业知识库与专家系统,为农民提供个性化的种植方案与决策支持,促进农业技术的普及与应用。通过建立标准化的农业生产管理体系,实现农业生产从种植、养护到收获的全链条智能化控制,增强农业的抗风险能力与市场竞争力。

(二)制定具体标准与规范

在数据采集环节,需明确传感器类型、精度要求、部署密度与数据采集频率,确保农田环境、作物生长状态等信息的全面、准确、实时获取。同时,规定数据传输协议与格式,保障数据在物联网中的顺畅流通与安全传输。数据处理阶段,强调数据清洗、校准、存储与备份的技术标准,消除噪声数据,修正误差,确保数据质量。建立云数据中心,采用分布式存储与冗余备份机制,保障数据的安全性与可用性。此外,设定数据处理时效,确保数据能够及时转化为有价值的信息,支撑后续分析与决策。数据分析环节,需确立数据分析模型与算法的选择标准,包括机器学习、深度学习等技术的应用,以挖掘数据中的隐含规律与趋势。规定分析结果的可视化呈现方式,如图表、报告等,便于农民与农业管理者直观理解数据含义,快速做出响应。决策支持方面,制定基于数据分析的决策规则与推荐系统标准,确保决策的科学性与精准性。这包括作物种植计划、水肥管理方案、病虫害防治策略等,均须依据数据分析结果生成,并依据生态平衡与资源高效利用的原则。同时,建立决策效果评估机制,通过反馈循环不断优化决策模型,提升智慧农业系统的智能化水平。

(三)技术研发与集成应用

为解决农业生产中的实际问题,产学研合作成为推动智慧农业技术创新的重要途径,它具有互操作性,为智慧农业的规模化、集约化发展提供有力支撑。高校与科研机构拥有较高的理论水平与前沿技术研究能力,而企业则贴近市场需求,具备技术转化与应用的实践经验。三者紧密合作,共同针对智慧农业的关键技术问题,如智能感知、数据分析、决策支持、自动化控制等,开展深入研究与开发。产学研合作,可以加速农业物联网技术的创新与应用,研发更精准、更稳定的传感器,实现对农田环境的全方位、实时监测。在数据分析领域,利用机器学习与人工智能算法,深度挖掘农业大数据的价值,为农业生产提供科学、精准的决策依据。同时,结合云计算与边缘计算技术,构建高效的数据处理与传输体系,确保数据的实时性与安全性。在自动化控制方面,产学研合作推动智能灌溉、智能施肥、无人机巡检等技术的研发与集成,实现农田管理的精准化与自动化,提高农业生产效率与质量。此外,合作研发的农业机器人、智能农机等高端装备,进一步提升农业作业的智能化水平,降低人力成本,增强农业生产的稳定性与可靠性。产学研合作还促进了农业技术标准的制定与推广,推动智慧农业标准化流程的建立与完善。技术标准的统一,确保了不同设备与系统之间的兼容性。

(四)效果评估与优化调整

智慧农业标准化流程的效果评估体系应围绕数据采集的准确性、处理的时效性、分析的科学性和决策支持的有效性等关键环节展开,通过量化指标与定性分析相结合的方式,全面评估智慧农业流程的实施效果。在数据采集环节,评估传感器网络的覆盖率、数据准确率与传输稳定性,确保农田环境与作物生长信息的全面、精准获取。数据处理阶段,关注数据清洗、存储与备份的效率,以及数据安全措施的有效性,保障数据质量与安全。分析环节,重点评估数据分析模型的预测精度与实用性,以及分析结果对农业生产实际问题的解释力与指导价值。通过对比模型预测与实际农业生产情况,验证分析模型的有效性,不断优化算法,提升预测准确性。决策支持方面,评估决策规则与推荐系统的科学性、针对性与可操作性,以及农民对决策建议的接受度与执行效果。通过跟踪决策实施后的作物产量、资源利用效率、环境影响等指标,量化决策支持的实际成效。基于评估结果,定期对智慧农业流程进行优化调整,包括升级传感器技术、改进数据处理流程、优化分析模型、调整决策规则等,确保流程始终与农业生产实际需求相匹配,不断提升智慧农业的智能化水平与生产效率。

第三节 质量监控与评估体系的智能化升级

一、智能监控系统在农产品生产中的应用

(一)数据采集与传输技术

在农产品标准化生产的实践中,智能监控系统深度融合了先进的数据采集与传输技术,为农业生产环境的精准管理提供了有力支撑。该系统通过精密部署的各类传感器,不间断地对温度、湿度、光照以及土壤条件等关键生长参数进行实时监测,这些参数直接关系到农产品的生长发育与品质形成。温度监控确保作物处于最适宜的生长区间,湿度调节则维持着根系的健康呼吸与水分平衡,光照控制促进光合作用的高效进行,而土壤监测则帮助了解土壤养分状况与酸碱度,为科学施肥提供依据。数据的采集仅是第一步,高效传输才是实现远程监控与智能决策的关键。智能监控系统采用了无线传感器与物联网技术,构建起一张覆盖广泛、响应迅速的信息传输网。这些技术不仅能够将田间地头采集到的海量数据实时、准确地传输至监控中心,还支持数据的远

程访问与云端存储,为后续的数据分析、模型构建及生产决策奠定了坚实基础。监控中心通过对接收数据的深度挖掘与智能分析,能够及时发现生产环境中的异常波动,预警潜在风险,指导农户采取相应措施调整生产条件,从而确保农产品在整个生长周期内都能处于最佳环境之中,有效提升农产品的标准化水平与市场竞争力。

(二)实时监控与预警机制

在农产品标准化生产中,智能监控系统深入农田,通过高精度传感器网络,实时捕捉土壤湿度、温度、光照强度及作物生长状态等关键数据。这些数据被迅速传输至云端或本地数据中心,经过高效处理与分析,为生产管理人员呈现出一幅生动的农田画卷。系统内设的阈值管理机制,如同智能卫士,时刻守护着农产品的生长环境。一旦监测指标偏离正常范围,无论是土壤养分不足,还是病虫害侵袭,系统都将立即触发预警机制,通过短信、邮件或App推送等方式,第一时间通知管理人员。这不仅确保了问题的及时发现,更为迅速采取应对措施赢得了宝贵时间。智能监控系统凭借其强大的数据分析能力,能够深入挖掘历史数据中的隐藏规律,预测潜在的生产风险。无论是季节性气候变化可能带来的挑战,还是作物生长周期中的关键节点,系统都能提前发出预警,指导管理人员制定科学的预防策略。这种前瞻性的管理方式,不仅提升了农产品的生产效率和品质稳定性,还显著降低了因自然灾害或管理不当导致的损失。

二、质量评估模型的构建与优化

(一)数据分析与处理方法

在农产品标准化生产的框架下,科学评估农产品质量是确保产品符合高标准要求的关键环节,研究人员依托先进的数据分析与处理技术,深入挖掘海量监测数据背后的价值。统计学方法作为基础工具,通过对温度、湿度、光照等环境参数的均值、方差、相关性等统计特征进行分析,揭示环境因素与农产品质量间的内在联系。而机器学习算法,如决策树、随机森林、神经网络等,则能够基于历史数据学习农产品质量与多种影响因素间的复杂映射关系,构建预测模型,对新采集的数据进行快速而准确的质量预估。模式识别技术进一步提升了质量评估的精准度,它能够从海量数据中识别出特定的质量特征模式,如病虫害发生趋势、作物生长周期中的关键节点等,为及时干预与管理提供依据。此外,结合时间序列分析,可以追踪农产品生长过程中的质量变化轨迹,揭示质量形成的动态规律。这些方法的综合运用,不仅提高了质量评估的客观性与准确性,还促进了农产品生产过程的精细化管理与优化,为农产品标准化生产体系提供了强有力的技术支撑。

(二)评估指标体系的设计

针对不同种类的农产品,研究人员需深入剖析其生长特性与市场需求,精心构建一套全面而精准的评估体系。这一体系涵盖了生长环境的各项指标,如土壤酸碱度、水分含量、光照时长及强度等,确保农产品在最适宜的环境中茁壮成长。同时,生理指标也不容忽视,包括作物生长速度、叶片叶绿素含量、病虫害抵抗能力等,它们直接反映了作物的健康状态与生长潜力。品质特性则是评估体系中的另一重要内容,涉及农产品的外观、口感、营养成分及储藏性等多个方面。对于水果,可能包括甜度、酸度、果肉质地等;对于蔬菜,则可能关注色泽、脆度及维生素含量等。为了更准确地反映各指标在质量评估中的实际贡献,研究人员还需对指标权重进行合理分配。这一过程往往基于大量实验数据与市场调研,通过统计分析方法确定各指标的相对重要性,权重分配不仅体现了科学严谨的态度,也确保了评估结果的客观公正。

三、智能化质量监控与评估系统的集成与实施

(一)智能化质量监控系统的构建

智能化质量监控系统深度融合物联网技术,通过精心部署的高精度传感器网络,包括温湿度传感器、土壤养分监测仪及病虫害监测设备等,实现了对农田环境及作物生长状态的全方位、实时捕捉。这些数据被高效上传至云端服务器或边缘计算节点,立即进入数据清洗与预处理的流程,为后续分析奠定

坚实基础。系统集成了机器视觉与图像识别技术的前沿成果,能够智能识别作物的细微生长差异,如叶片颜色的微妙变化、果实的尺寸与形态差异,以及病虫害的早期痕迹,实现了对作物生长状况的精准把控。这一技术不仅提升了监测的精度与效率,还极大地丰富了数据维度,为全面评估农产品质量提供了翔实依据。结合大数据分析技术,系统对海量数据进行深度挖掘与智能分析,揭示出隐藏的生长规律与品质异常模式,为生产者提供了及时的干预指导与科学决策支持。这一系列技术的综合应用,不仅推动了农产品标准化生产向更高水平迈进,更为实现农业生产的可持续发展与高效管理开辟了新路径,确保每一份农产品都能达到最优品质标准。

(二)智能化评估系统的开发与应用

智能化评估系统依托采集到的海量数据,巧妙融合机器学习算法,如支持向量机的精准分类与随机森林的高效集成,构建起农产品品质预测的强大模型。这一模型,通过细致分析农产品的生长环境参数、生长周期的详尽记录以及外观特征的精细描绘,能够精准预测农产品的成熟度、营养成分乃至口感等核心品质指标,为生产者提供了科学的品质把控依据。更为重要的是,评估系统并未止步于技术层面的预测,而是进一步引入了消费者反馈的宝贵信息。这一机制将市场端的真实体验与需求直接纳入评估体系,形成了从生产到消费的全链条闭环反馈。消费者的每一次评价,都成为优化评估模型准确性的宝贵资源,促使模型不断迭代升级,更加贴近市场与消费者的实际需求。这种以数据为驱动、融合消费者反馈的评估方式,极大地提升了评估的客观性与准确性,为农产品的分级定价、精准市场定位提供了坚实的数据支撑。

(三)系统的集成与实施策略

技术层面,需确保系统的全面兼容与高度稳定。借助标准化的接口协议,打通不同设备与系统间的数据壁垒,实现信息的顺畅流通与整合。与此同时,人员因素同样不容忽视,加强农户与技术人员的专业培训,提升其操作智能化系统的熟练度与维护意识,是保障系统高效运行的关键。实施过程需采取循序渐进的策略,初期可选择具有代表性的试点区域先行示范,通过实际应用收集反馈意见,不断调优系统性能,确保其契合实际需求。在此基础上,构建一套完善的运维机制至关重要,它涵盖快速故障响应、定期数据备份、系统迭代升级等多个方面,为系统的长期稳定运行提供坚实保障。此外,通过制度层面的积极引导与市场的广泛推广,逐步扩大智能化质量监控与评估系统的应用覆盖面,激发农业生产方式的深刻变革。这一系列举措将有力推动农产品标准化生产的全面提升,促进农业产业的高质量发展,绽放出最标准的光彩,满足市场对高品质农产品的殷切期待。

第四节 持续改进与标准化生产的优化路径

一、持续改进的概念

在农产品标准化生产的广阔实践中,持续改进作为核心理念深入人心,它驱动着产品质量、成本控制与生产效率的持续攀升。系统性分析是这一进程中的基石,通过对生产全链条的深入剖析,精准定位薄弱环节与潜在提升空间,为后续优化指明方向。PDCA(计划—执行—检查—处理)循环则提供了一套科学的问题解决框架,从精心规划到果断执行,再到细致检查与有效处理,形成闭环管理,确保改进措施的有效实施与持续优化。同时,标准化与个性化的巧妙结合,为农产品生产注入了新的活力。一方面,严格遵循标准化流程,确保产品质量的一致性与稳定性;另一方面,根据市场需求与作物特性,灵活调整生产参数,实现个性化定制,满足消费者日益多元化的需求。这种双重策略的实施,不仅提升了生产效率与产品附加值,还促进了农业资源的合理配置与可持续利用。

二、标准化生产优化路径探索

(一)智慧生态农业标准化生产优化的技术路径

1. 信息化技术

构建高效的信息平台,成为连接生产端与市场端的关键桥梁。这一平台,不仅汇聚了丰富的生产数据,如作物生长周期、产量记录、病虫害情况等,还实时更新市场信息,包括价格动态、消费者偏好等,为农业生产者提供了全面而精准的信息支持,助力其科学决策,有效提升农业生产效率。更为深远的是,信息化技术还引入了遥感技术、地理信息系统(GIS)等高科技手段,为农业生产环境的监测与管理开辟了新天地。遥感技术能够远距离、大范围地捕捉农田的生态信息,如土壤湿度、植被覆盖度等,为精准灌溉、施肥提供科学依据。而GIS则通过对地理空间数据的整合与分析,帮助生产者优化土地布局,合理规划种植结构,实现资源的最大化利用。

2. 物联网技术

借助传感器、控制器等高科技设备,农业生产数据得以实时采集与精准分析,从土壤湿度、光照强度到作物生长状态,一切尽在掌握。这不仅实现了对生产环境的自动化调控,如智能灌溉系统根据土壤墒情自动调整水量,精准施肥技术依据作物营养需求定时定量供给,还极大提升了农产品的产量与品质。物联网技术的应用,让农业生产变得更加智能化、精细化。通过大数据分析,可以预测作物生长趋势,提前防范病虫害,减少农药使用,保障农产品绿色安全。同时,远程监控与诊断功能的实现,使得农业生产管理更加高效便捷,降低了人力成本,提高了响应速度。在这一过程中,农产品标准化生产的每一个环节都被赋予了新的生命力,从种植到收获,从加工到包装,每一步都遵循着精确的数据指导,确保了产品质量的稳定性和一致性。

3. 大数据技术

大数据技术通过全面收集并深入挖掘农业生产过程中的各类数据,包括作物生长数据、环境监测数据、市场反馈数据等,揭示出隐藏在数据背后的生产问题与客观规律。这些数据为生产者提供了宝贵的决策依据,使他们能够针对性地调整生产策略,优化资源配置,从而实现生产效率和产品质量的双重提升。数据驱动的决策模式,极大地增强了农业生产管理的科学性与准确性。借助大数据算法,生产者可以精准预测作物生长趋势,制订病虫害防治计划,合理安排灌溉与施肥,有效避免资源浪费和生产风险。同时,通过对市场数据的深度分析,生产者能够准确把握消费者需求变化,灵活调整产品结构,确保农产品供应与市场需求的紧密对接。

4. 人工智能技术

智能识别技术,尤其是基于深度学习的图像识别,成为病虫害防控的利器。通过训练模型对作物叶片、果实上的细微变化进行精准识别,能够在病虫害发生初期即发出预警,指导农民及时采取措施,有效降低病虫害扩散风险,减少农药使用,保障作物健康成长,提升农产品质量与安全水平。智能控制技术则让农业生产更加精准高效,结合物联网技术,人工智能可以实现对温室环境、灌溉系统、施肥设备等自动化控制,根据作物生长需求和实时环境数据,自动调节温度、湿度、光照等条件,创造最适宜的生长环境,促进作物高产优质。智能预测技术进一步增强了农业生产的前瞻性与决策科学性,通过分析历史气象数据、作物生长周期信息等大数据,人工智能能够预测未来天气变化、作物产量趋势,为生产计划安排、市场供需调节提供科学依据,降低市场风险,提高农业生产效益。

(二)标准化生产优化策略与实施要点

1. 生产流程优化

在农产品标准化生产的征途中,企业需从源头抓起,对种植、养殖、加工等各个环节进行深度剖析与革新。在种植环节,通过引入智能农业系统,实现作物生长的精准监控与管理,减少不必要的人为干预,提高作业效率。养殖环节,则推行自动化喂养、环境控制等技术,确保畜禽健康,提升养殖密度与产出率。进入加工环节,企业应着重于生产线的升级与改造,采用高效节能的设备,简化加工流程,减少物料损耗与时间浪费。同时,引入精益生产理念,对生产流程进行精细化梳理,消除瓶颈环节,提升整体生产效率。此外,通过集成化、智能化的管理系统,实现生产数据的实时采集与分析,为生产决策提供有力支持,进一步降低生产成本,提升产品竞争力。

2. 管理体系优化

质量管理体系,以高标准严要求为基石,贯穿生产全过程,从原料采购到成品出库,每一环节均设定明确的质量标准与检测流程,确保产品符合市场及消费者的高品质期待。生产管理体系则聚焦于优化资源配置,通过精细化管理,实现生产流程的科学规划与高效执行,减少浪费,提升生产效率。市场营销体系作为连接产品与市场的桥梁,需紧跟市场动态,精准定位目标消费群体,运用数字营销、品牌建设等策略,拓宽销售渠道,增强市场竞争力。与此同时,加强内部管理同样至关重要。构建完善的组织架构,明确岗位职责,强化团队协作,营造积极向上的企业文化。此外,定期开展技能培训与安全意识教育,提升员工专业技能与综合素质,确保每位员工都能成为标准化生产的践行者与守护者。通过建立激励机制,激发员工创新活力,鼓励其积极参与流程优化与质量控制,共同降低生产风险,提升产品竞争力。

3. 人才队伍优化

加强人才队伍建设,成为提升企业竞争力、促进产业升级的关键。企业应着眼于培养一批既具备扎实专业素质,又富有创新精神和丰富实践经验的农业人才,为农产品标准化生产注入强劲动力。为实现这一目标,企业需构建完善的人才培养体系,从引进、培育到激励,全方位打造人才成长链条。通过校企合作、产学研结合等方式,吸引更多有志于农业的年轻人投身其中,学习先进理念与技术,积累实践经验。同时,设立专项基金,鼓励内部研发与创新,为人才提供广阔的施展舞台,激发其创新潜能。此外,企业还应注重团队建设,促进跨部门、跨领域的人才交流与合作,形成协同创新的良好氛围。通过定期举办技术研讨会、管理培训等活动,不断提升团队的整体素质与创新能力,为农产品标准化生产的技术突破与管理升级提供坚实的人才支撑。

第五章 智慧生态农业优化农产品供应链管理

第一节 供应链管理的现状分析与智慧需求

一、农产品供应链管理的现状

(一)组织结构

我国农产品供应链管理体系组织结构复杂多元,自生产源头至消费终端,横跨农民、合作社、龙头企业、批发市场及零售商等多重主体,彼此间交织着合作与竞争的双重关系,构建起一张错综复杂的网络。在此体系下,农产品标准化生产面临诸多挑战,信息传递的高效与准确性成为关键。各主体需紧密协作,确保从田间到餐桌的每一环节都能无缝对接,信息畅通无阻,以支撑标准化流程的顺利实施。然而,信息不对称问题不容忽视,它可能导致资源错配,影响生产决策的精准性。同时,利益分配不均也是供应链中的一大痛点,如何平衡各方利益,确保农民获得合理收益、龙头企业与合作社稳健发展,是实现供应链长期稳定合作的基石。

(二)主要环节

当前,我国农业生产的生产效率与标准化水平有待提升,这直接影响了后续链条的顺畅与产品质量的统一。加工环节,企业规模偏小、技术落后导致产品质量参差不齐,难以满足市场对高品质农产品的需求。储存与运输环节,设施陈旧、技术不足使得农产品在流转过程中损耗严重,增加了成本,降低了市场竞争力。销售环节,面对激烈的市场竞争与高昂的流通成本,农产品往往难以快速、高效地触达消费者,影响了整个供应链的效益。因此,推进农产品标准化生产,需从源头抓起,提升小农户组织化程度,引入现代农业技术与管理,提高生产效率与标准化水平。加工环节应鼓励企业整合升级,提升技术创新能力,确保产品质量稳定可靠。同时,加强储存与运输设施建设,引入先进保鲜技术,减少损耗,降低成本。

(三)管理挑战与困境

农产品供应链管理的挑战与困境很多,信息不对称是首要难题,它如同无形的壁垒,阻碍了供应链各环节间的顺畅协调,导致生产计划、库存管理与市场需求难以精准匹配,整个供应链的效率因此大打折扣。加之农产品质量与安全问题频发,农药残留、添加剂滥用等负面新闻不绝于耳,消费者的信任度急剧下降,这对农产品品牌建设与市场拓展构成了严峻挑战。更为复杂的是供应链中主体利益分配的不均衡状态,农民作为生产链的起点,往往承担着最大的风险与辛劳,却收获着相对微薄的收益,这不仅挫伤了农民的生产积极性,也威胁到了农业的可持续发展,长远来看,将影响国家粮食安全与农业现代化的进程。面对这些挑战,推进农产品标准化生产显得尤为重要,它不仅是提升农产品质量、增强消费者信心的有效途径,也是优化供应链结构、促进利益合理分配的关键举措。通过标准化生产,可以实现对生产全过程的严格控制,减少信息不对称,提高供应链透明度,同时,建立公平合理的利益分配机制,确保农民收益稳定增长,为农业可持续发展注入强劲动力,构建更加稳健、高效的农产品供应链体系。

(四)智慧生态农业的实践与应用

依托物联网、大数据、云计算等现代信息技术,农业生产至销售终端的每一环节都被赋予智能化管理的新内涵,有力推动了农产品标准化生产的高效实现。在田间地头,物联网技术让农田环境数据触手可及,实时监测土壤湿度、光照强度等关键指标,为农民提供科学精准的种植指导,从源头提升农产品质量与生产效率。进入加工环节,大数据分析助力企业精准把握市场需求,优化生产流程,确保产品符合标准化要求,同时,智能管理系统有效监控加工过程,保障产品质量稳定。储存与运输过程中,智慧物流系统利用云计算处理海量数据,实现库存智能化管理,减少损耗,同时,通过路径优化算法,提高运输效率,降低成本。销售端,"互联网+"模式的运用,打破了传统销售界限,线上线下融合的新零售方式,不仅拓宽了销售渠道,更让农产品以更快速度、更新鲜状态抵达消费者手中。智慧生态农业的实践与应用,不仅重塑了农产品供应链,更在提高效率、降低成本、保障质量与安全的同时,为农业现代化转型注入了强劲动力,开启了农产品标准化生产的新篇章。

二、智慧需求下的农产品供应链管理创新

(一)智能化技术

1. 大数据分析应用

通过对海量数据的深度挖掘与精细分析,市场需求的微妙变化被精准捕捉,这如同为生产者安装了一双透视眼,使他们能未雨绸缪,提前调整生产计划,确保农产品供应与市场需求紧密相连,减少因盲目生产带来的库存积压风险。进而以大数据分析助力优化农产品的流通路径与销售策略,通过算法模型预测各地的消费热点与趋势,指导物流资源的合理配置,缩短农产品从田间到餐桌的时间,保持产品新鲜度,提升消费者满意度。同时,对供应链各环节的效率进行量化评估,识别瓶颈所在,推动流程优化与技术创新,实现供应链整体效能的飞跃。此外,大数据分析还为农产品标准化生产提供了科学依据,通过对生产数据的持续监测与分析,可以及时发现生产过程中的问题,指导农民科学种植,合理使用农资,确保农产品质量与安全,增强市场竞争力。

2. "互联网+"的作用

电商平台成为农产品连接广阔市场的桥梁,让标准化生产的农产品能够迅速突破地域限制,实现线上线下融合的全渠道销售模式。这不仅极大地拓宽了销售路径,还通过平台的集聚效应,增强了农产品的品牌影响力和市场竞争力,为农产品标准化生产提供了强大的市场驱动力。与此同时,互联网技术的深度融入,为农产品追溯体系的构建插上了翅膀。借助物联网、大数据等技术手段,农产品的生产、加工、运输等各个环节信息得以被精准记录与追踪,消

费者只需轻轻一扫，即可了解农产品的来源、生长过程、质量检测等详细信息，这不仅提升了农产品的透明度，更在无形中筑起了一道食品安全防线，让消费者吃得放心，买得安心。此外，互联网平台还促进了农产品供应链各环节间的信息共享与协同作业，有效降低了运营成本，提高了整体供应链的反应速度和灵活性。

3. 物联网技术实践

物联网技术正深度融入农产品供应链管理全链条中，以其独特的传感器网络和智能设备，为农产品标准化生产编织了一张紧密的数据监控网。从田间地头的温湿度监控，到仓库储存的氧气浓度与温度调节，再到运输途中的位置追踪与颠簸监测，物联网技术无微不至地关注着农产品的每一个生长与流转瞬间。这些实时收集的环境参数，如同农产品的生命体征，为供应链管理者提供了精准的数据支持，使他们能够迅速响应生产环境的变化，及时调整管理策略。在标准化生产的框架下，物联网技术不仅确保了农产品生长环境的最优配置，提高了农产品的产量与品质，还通过智能化预警系统，有效预防了病虫害与储存损耗，保障了农产品的安全与新鲜。更深远的意义在于，物联网技术促进了供应链各环节的信息共享与协同作业，减少了信息不对称，提升了供应链的整体反应速度与灵活性。农产品从生产到消费的全链条可视化，增强了消费者对农产品标准化生产的信任，为品牌建设与市场拓展奠定了坚实基础。

（二）管理模式创新

随着智能化技术的飞速发展，农产品供应链管理模式正经历着深刻变革，创新成为推动行业前行的关键力量。数据驱动决策成为新常态，通过收集、分析农业生产、市场需求、库存状态等多项数据，企业能够精准预测市场趋势，优化生产计划，确保农产品标准化生产与市场需求的无缝对接，有效降低库存成本，提高供应链响应速度。供应链协同优化则打破了传统环节间的壁垒，实现信息共享与流程协同。从田间到餐桌，每一个环节都被纳入智能化管理网络，通过云平台实现数据实时交换，促进供应链上下游企业的高效配合，减少资源浪费，提升整体运作效率。线上线下融合的营销策略，让农产品销售更加灵活多元。电商平台与实体渠道的深度融合,不仅拓宽了销售渠道,还通过个性化推荐、直播带货等创新方式,增强了与消费者的互动,提升了农产品品牌知名度与市场占有率,为农产品标准化生产提供了广阔的市场空间与持续的竞争力。

第二节 智慧技术驱动的供应链优化策略

一、供应链信息化的实现与优化

(一)农业大数据的采集与处理

农业大数据的采集与处理,作为供应链信息化的基石,需深度融合现代信息技术与农业生产、流通、消费等各个环节。利用遥感技术,人们能够精准捕捉农田的土壤湿度、气候条件以及病虫害状况,这些数据为农业生产提供了科学、实时的指导依据,助力精准农业的发展。同时,物联网传感器的广泛应用,进一步细化了数据采集的颗粒度,使得农田管理更加智能化、高效化。在此基础上,大数据分析技术发挥着至关重要的作用。通过对海量农产品市场数据的深度挖掘,人们能够准确把握市场需求动态、预测价格走势,为供应链上下游企业提供有力的决策支撑。这不仅有助于优化农产品库存管理,减少资源浪费,还能有效提升供应链的整体响应速度和灵活性。此外,大数据分析还能揭示消费者偏好的变化趋势,引导农业生产向更加市场化、个性化的方向发展,促进农产品供应链的转型升级。智慧生态农业的构建,离不开大数据技术的强力支撑,从田间地头的数据采集,到市场需求的精准预测,每一个环节都充满了科技的力量。

(二)供应链各环节的信息共享与协同

构建一个全方位、一体化的信息平台,是打通生产、流通至消费各环节的桥梁,它紧密联结着农户、企业与消费者,形成了一个高效互动的生态网络。这一平台不仅支持实时共享生产进度、库存状态、物流轨迹等关键信息,还极大提升了供应链的透明度与灵活性,使得市场变化能够迅速传导至供应链的每一个角落。云计算与区块链技术的融入,为这一信息平台增添了强大的技术支撑。云计算以其高效的数据处理能力,确保了海量农业数据的快速分析与利用,降低了信息处理成本;区块链技术,则以其不可篡改的特性,为供应链数据的真实性与安全性筑起了一道坚实的防线,有效防止了信息欺诈,巩固了各参与方的信任基础。依托于这样的技术平台,供应链协同管理得以深入实施。通过精准匹配供需信息,优化资源配置,减少了农产品流通中的冗余环节,加速了产品从田间到餐桌的流转速度。同时,智能化的物流调度与库存管理,进一步降低了物流成本,提升了整个供应链的运营效率。

二、供应链智能化的推进与提升

(一)农业物联网技术的应用

在智慧生态农业的愿景下,农田、温室、养殖场等农业生产一线,已广泛部署了各类传感器与摄像头,它们如同农业生产的神经末梢,实时捕捉着温度、湿度、光照、土壤成分等关键数据。这些数据,经由云计算与大数据分析的处理,转化为指导农业生产的精准信息,助力农民实现科学种植、精准养殖,有效提升农产品的产量与质量。更为重要的是,农业物联网技术为农产品追溯体系的建设提供了坚实支撑。每一份果蔬、每一片肉禽,从播种养殖到收获加工,再到物流运输,每一个环节的数据都被翔实记录,形成了一条清晰可追溯的信息链。这不仅让消费者能够轻松了解农产品的来源、生长过程及质量状况,极大增强了消费信心,也为农产品品牌建设与市场竞争力提升奠定了坚实基础。农业物联网技术的应用,还极大地推动了农产品供应链的智能化管理。通过实时监控与数据分析,供应链各节点能够高效协同,精准预测市场需求,优化库存管理,减少资源浪费。同时,智能预警系统的建立,能够及时识别并应对潜在风险,确保供应链的稳定运行。

(二)供应链各环节的自动化与智能化

农业生产领域,智能化农业机械如无人驾驶拖拉机、植保无人机等,以其精准高效的作业能力,大幅提升了生产效率,降低了对人力的依赖,实现了从播种到收获的全流程智能化管理。转向仓储物流,自动化立体仓库与智能搬运机器人的应用,构建起高效仓储体系,货物存取搬运自动化,不仅减少了人工操作的错误率,更显著加快了物流周转速度,确保农产品新鲜快速地送达消费者手中。而人工智能技术的融入,为供应链管理插上了智慧的翅膀。通过机器学习算法,企业能够精准预测农产品市场需求,科学调整生产计划,避免产能过剩或短缺。大数据分析则助力企业精确描绘客户画像,实现营销策略的个性化定制,提升营销效率与效果。在此基础上,智能化系统还促进了供应链各节点的深度协同,信息共享变得及时且高效,沟通成本大幅降低,响应速度显著提升,确保了供应链整体运作的流畅与敏捷。

三、供应链绿色化的实践与探索

(一)农业生态环境的监测与保护

在智慧技术深度渗透的农产品供应链中,绿色化理念与实践并行不悖,共同构筑着智慧生态农业的坚固基石。为守护农业生态环境,我国正加速推进环境监测设备的部署,土壤传感器、气象站等科技装置遍布田野,实时捕捉农田生态的微妙变化,为农业生产决策提供科学精准的数据支持。这些数据如同生态环境的晴雨表,指导着农业生产活动在尊重自然、保护生态的基础上进行。与此同时,遥感技术与地理信息系统(GIS)的融合应用,为农业资源的合理规划与管理插上了翅膀。通过高精度遥感影像与GIS的空间分析能力,人们能够精准识别农业资源的分布与状况,科学规划种植结构,有效避免过度开发与资源浪费,显著降低农业生产对环境的负面影响,促进农业生态系统的平衡与和谐。在此基础上,绿色农业生产技术的推广成为智慧生态农业不可或缺的一环。生物农药、有机肥料等环保型农业投入品的应用,从源头上保障了农产品的绿色与安全,提升了农产品的品质与价值。

(二)供应链过程中的节能减排与循环利用

优化物流配送体系是首要任务。通过引入电动或氢能源等节能环保的运输工具,显著降低物流环节的碳足迹。同时,借助智能算法规划最高效的配送路径,缩短运输距离,提升物流效率,既节省了时间又减少了能耗。在此基础上,推动供应链企业践行循环经济理念,将废弃物视为资源,通过生物质能源开发、有机肥制造等技术,实现农业废弃物从"废"到"宝"的华丽转身,促进资源的高效循环利用。农产品包装的绿色革新同样不容忽视。倡导使用可降解、易回收的材料,减少塑料等难以降解物质的使用,从源头上减轻对环境的压力。此外,鼓励企业采用简约设计,减少包装材料的消耗,既降低了成本,又体现了环保责任。为实现这一绿色转型,需构建一套完善的制度引导与激励机制。通过设立绿色供应链示范项目,表彰先进典型,激发企业的积极性与创造力。同时,提供技术支持与资金补贴,降低企业绿色化改造的门槛,确保其有动力、有能力参与到这一转型中来。

四、供应链效率与效益的提升策略

(一)农产品物流配送优化

依托大数据分析,可以构建智能化的物流配送系统,这一系统能够综合考虑交通状况、天气变化、货物需求等多方面信息,实现农产品运输路线的动态规划与优化,不仅大幅降低了运输成本,还显著提升了配送效率,让新鲜农产品更快抵达消费者手中。物联网技术的融入,则为农产品运输过程的安全与品质提供了有力保障。通过在运输车辆上安装传感器与监控设备,人们可以实时监控车厢内的温度、湿度等关键指标,确保农产品在运输途中保持最佳状态,新鲜度与安全性得到充分保证。这种全程可视化的管理方式,极大地增强了供应链的透明度与可控性。同时,人工智能算法在库存管理中的应用,为农产品物流配送带来了又一革新。通过深度学习市场需求预测模型,系统能够自动调整库存水平,实现库存的精准控制与实时优化,有效避免了库存积压与缺货风险,降低了库存成本,提升了整体运营效率。

(二)供应链风险管理与预警机制

通过深度融合物联网、大数据与人工智能技术,构建起一套全面的风险管理与预警机制,对供应链各环节实施不间断的监控与分析。这一机制利用大数据分析,深度挖掘市场行情波动、气候变化趋势及制度动态等关键信息,结合人工智能算法的强大预测能力,为供应链参与者提供前瞻性的决策支持,使他们能在风险初露时就做出响应,有效规避潜在威胁。同时,建立一套高效的应急处理机制,是智慧生态农业供应链风险管理的另一重要环节。该机制确保了在风险事件突发时,能迅速启动预案,调动资源,无论是市场供需突变、自然灾害来袭,还是制度调整带来的不确定性,都能在最短时间内采取最有效的措施,将损失降至最低。通过智能化的风险识别、预警与应对,供应链的整体韧性得到显著增强,不仅提升了抗风险能力,也进一步优化了资源配置,提高了运营效率,确保了农产品供应链的稳定与高效,为智慧生态农业的可持续发展奠定了坚实基础。

(三)农产品品质保障与品牌建设

物联网技术如同一双慧眼,全程监控农产品的种植、养殖、加工各个环节,从田间地头到消费者餐桌,每一环节的数据都被精准捕捉,确保农产品品质卓越,安全可靠。与此同时,区块链技术的引入,为农产品追溯体系搭建了坚实的信任桥梁,消费者只需轻轻一扫,产品来源、生产过程等信息便一目了然,这份透明与坦诚,极大增强了消费者对品牌的信赖与黏性。大数据分析则如同一把钥匙,解锁了消费者需求的深层密码。通过对海量市场数据的深度挖掘与智能分析,人们能够精准定位消费者偏好,预测市场趋势,从而指导农产品生产与加工,打造出真正符合市场需求、贴近消费者心声的优质产品。在此基础上,品牌建设成为提升农产品附加值、实现供应链效益最大化的关键一步。通过加强品牌故事的讲述、品牌形象的塑造与传播,农产品品牌知名度和美誉度得以显著提升,不仅吸引了更多消费者的目光,更在激烈的市场竞争中脱颖而出,实现了从"产品"到"品牌"的华丽转身,为智慧生态农业的可持续发展注入了强劲动力。

第三节　绿色物流与智能化配送体系

一、绿色物流的基本理念与技术框架

(一)绿色物流的概念与核心要义

绿色物流,作为智慧生态农业供应链中不可或缺的一环,其核心在于追求物流活动与环境保护的和谐共生。在确保物流服务水平稳步提升的同时,绿色物流致力于通过优化资源配置、提升物流效率、降低能源消耗及减少废弃物排放,探索出一条可持续发展的物流新路径。这一模式的实践,不仅关乎物流企业的转型升级,更需要供应链上下游企业的紧密协作与共同努力。在智慧生态农业的框架下,绿色物流的实现依托于先进技术的支撑。物联网技术的应用,让物流过程中的能耗与排放变得可监测、可控制,为精准施策提供了数据基础。大数据分析助力物流路径的优化,减少不必要的运输里程,从而降低碳排放。同时,智能化仓储管理系统的引入,提高了库存周转率,减少了资源浪费。绿色物流还倡导使用环保包装材料,推广可循环利用的物流器具,从源头减少废弃物产生。此外,通过培训与教育,提升物流从业人员的环保意识,鼓励他们在日常操作中践行绿色理念,如合理规划配送路线、优化装载率等,都是实现绿色物流的重要举措。

(二)智能化配送体系的技术构成

1. 信息化技术

以物流信息系统作为核心,无缝集成仓储管理系统与运输管理系统,构建起一个全方位、多层次的信息交互平台。这一平台,通过精准采集物流各环节的数据,如库存状态、订单需求、车辆位置等,运用先进的数据处理与分析技术,实现对物流资源的智能调度与优化配置。不仅提高了物流响应速度,还显著降低了运营成本,确保了农产品从田间到餐桌的流畅传递。信息化技术赋予了物流活动"透明化"的能力。通过实时监控,无论是仓库内的货物分拣、包装,还是运输途中的路线规划、车辆状态,一切尽在掌握。这种透明性不仅提升了物流管理的精细化水平,更为绿色物流的实践提供了坚实的数据支撑。依据实时数据,可以精确评估物流过程中的能耗、排放,进而采取措施优化运输方案,减少环境影响,推动农产品供应链向更加绿色、可持续的方向发展。

2. 互联网技术

物流电商平台与物流 App 的广泛应用,打破了传统物流的信息壁垒,实现了物流企业与客户间信息的无缝对接与共享。客户需求的实时反馈、物流状态的透明追踪,不仅极大提升了客户体验,还通过精准匹配供需,有效降低了物流成本,提高了配送效率,让新鲜农产品以更快速度、更优状态抵达消费者手中。互联网技术还促进了物流企业间的深度协同与合作,通过云端平台,不同物流企业能够共享仓储、运输等资源,实现物流网络的优化整合。这种资源共享模式,不仅减少了重复投资与资源浪费,还通过集中处理与循环利用,显著降低了物流活动对环境的负担,与智慧生态农业的绿色理念不谋而合。互联网技术赋能下的智能化配送体系,能够依据大数据分析预测物流需求,提前规划运输路线与配送计划,从而减少空驶率与等待时间,提升物流运作的整体效能。同时,智能化的仓储管理系统,通过自动化与精准控制,减少了库存积压与损耗,确保了农产品的品质与安全。

3. 大数据分析技术

在智慧生态农业的广阔天地里,大数据分析技术深入物流数据的海洋,通过精细挖掘与深度分析,揭示出物流活动中的症结所在与潜在机遇,为绿色物流的实践提供了科学依据与决策支撑。运输路线、配送时间等关键数据,在大数据的镜下无所遁形,通过对这些数据的精心剖析,配送方案得以持续优化,运输路径更加合理,不仅缩短了配送时长,更大幅度降低了能源消耗,为节能减排贡献了力量。同时,大数据分析技术还聚焦客户需求的每一个细微之处。通过对客户购买习惯、偏好等信息的深入挖掘,实现了配送的精准化、个性化,减少了因信息不对称造成的过度包装、错误配送等问题,从而有效降低了废弃物的产生与排放。这种以数据为驱动的配送模式,不仅提升了客户满意度,更在无形中推动了农产品供应链向绿色、低碳的方向迈进,为智慧生态农业的可持续发展注入了新的活力与可能。

二、智能化配送体系在农产品物流中的应用

（一）无人机配送

凭借其时效性强、成本低廉及环保节能的显著优势，无人机成为解决农产品运输损耗问题的利器。特别是在偏远或交通不便地区，无人机能够跨越地理障碍，实现农产品的快速直达，大幅缩短了从田间到餐桌的距离，有效减少了运输途中的损耗，保障了农产品的新鲜度与品质。无人机配送的高效运作，离不开先进的导航系统与通信技术的强有力支撑。这些技术不仅确保了无人机在复杂环境中的精准定位与稳定飞行，还通过实时数据传输，实现了对农产品运输路径的动态优化与智能调度。这意味着每一架无人机都能以最优路径、最快速度，将农产品准确无误地送达目的地，极大地提升了物流效率，降低了运营成本。在智慧生态农业的框架下，无人机配送不仅仅是一种技术创新，更是推动农业产业链绿色化、智能化转型的重要一环。它减少了传统物流对地面交通的依赖，减轻了环境污染，同时，通过精准配送与高效服务，提升了农产品的市场竞争力，为农民增收、乡村振兴注入了新的活力。

（二）新能源物流车辆

新能源物流车辆正逐步成为农产品物流领域的绿色先锋。电动汽车与氢能汽车等新能源车型，以其零排放、低噪声、高效能的显著优势，引领着农产品物流向更加环保、高效的方向转型。它们不仅大幅降低了物流过程中的碳排放，减轻了环境压力，还因为减少了传统燃油车辆的维护成本，所以有效降低了物流的整体运营成本，实现了经济效益与生态效益的双赢。更为关键的是，新能源物流车辆与智能化管理系统的深度融合，为农产品物流插上了智慧的翅膀。通过实时监控系统，车辆的运行状态、位置信息、能耗情况等数据一目了然，为物流调度提供了精准数据。在此基础上，智能算法能够动态规划最优配送路线，避免拥堵，减少空驶，进一步提升物流效率，确保农产品新鲜、快速地送达消费者手中。

(三)智能仓储系统

智能仓储系统深度融合物联网、大数据分析等前沿技术,能够实时捕捉农产品库存的细微变化,通过精准的数据分析,优化仓储空间的利用,确保每一寸空间都发挥最大效用,仓储效率因此得到显著提升。更值得一提的是,智能仓储系统具备强大的市场需求响应能力。它能够依据市场动态,迅速对农产品进行智能分拣与打包,确保农产品以最佳状态、最快速度满足消费者需求。这种灵活高效的运作模式,不仅降低了库存成本,减少了因长时间储存而产生的损耗,还通过精准匹配市场需求,提升了农产品的附加值,让农民劳动成果得到更充分的体现。智能仓储系统的应用,是智慧生态农业向现代化、智能化转型的重要标志。它不仅提升了物流链的整体效能,还通过减少资源浪费、保障农产品品质,促进了农业可持续发展。在这一系统的助力下,农产品物流不再是简单的搬运与储存,而是成为连接生产与消费、推动农业产业升级的桥梁,为乡村振兴与农业现代化贡献了科技力量。

第四节　协同平台与信息共享机制的建设

一、协同平台构建

(一)协同平台的理念与架构

在智慧生态农业的浪潮中,协同平台作为一种创新的管理模式,正以信息技术为纽带,引领农业供应链向更高效、更智能的方向迈进。其核心在于打破信息孤岛,实现各参与方间的信息共享、资源深度整合及业务高效协同。平台架构精妙地分为三层:数据层、服务层与应用层,每一层都承载着不可或缺的功能。数据层,作为协同平台的基石,汇聚了来自农业生产、加工、物流、销售等全链条的海量数据资源。这些数据经过安全存储与有序管理,为后续的智能分析与决策提供了坚实的基础。服务层,是平台的大脑,负责数据的交换、处理与分析。它运用先进的大数据、云计算技术,对数据进行深度挖掘,提炼出有价值的信息,支撑起整个供应链的优化与升级。应用层,直接面向用户,将服务层提供的智能成果转化为具体可操作的业务应用。无论是精准农业管理、智能物流调度,还是市场趋势预测,应用层都能以用户友好的方式,将协同平台的价值最大化,助力智慧生态农业的蓬勃发展。

(二) 关键技术与应用

1. 大数据分析

通过对海量数据的深度挖掘与精细分析,企业得以洞察市场动态的微妙变化,精准预测消费者需求的未来趋势。这些数据源自田间地头的传感器、物流车辆的实时追踪、销售终端的交易记录以及社交媒体上的消费者反馈,它们汇聚成一股庞大的数据流,为决策制定提供了坚实的数据基石。在协同平台上,大数据分析发挥着桥梁与纽带的作用,它让供应链各参与方能够跨越信息孤岛,共享数据资源。种植者可以依据市场需求预测调整种植结构,确保农产品供给与市场需求精准对接;物流服务商通过数据分析优化配送路线,减少损耗,提升效率;销售商则能更准确地把握消费者偏好,制定个性化的营销策略。如此一来,大数据分析不仅增强了供应链的透明度与响应速度,还极大地提高了整个农产品供应链的运作效率与灵活性。

2. 云计算

云计算技术以其独特的弹性与可扩展性,赋予了各参与方前所未有的灵活性——无论是农业生产者、加工商,还是物流服务商、销售终端,都能根据自身需求,即时获取所需的计算资源与服务。这种"按需分配"的模式,极大地降低了运维成本,让每一分投入都能精准地转化为业务增长的动力。云计算不仅为协同平台提供了强大的数据处理能力,还确保了数据的安全与高效流通。在智慧生态农业的框架下,海量的农业数据被实时收集、上传至云端,云计算技术则负责对这些数据进行快速处理与分析,提炼出对农业生产、供应链管理具有指导意义的信息。这一过程,不仅加速了决策的制定,还促进了农业知识的共享与创新,推动了整个农业产业链的智能化升级。更为重要的是,云计算的引入,使得协同平台能够轻松应对业务量的波动与增长,无论是季节性高峰还是突发需求,平台都能迅速调整资源分配,确保服务的稳定与高效。

3. 物联网

在智慧生态农业的壮阔图景中,物联网技术如同一条无形的纽带,将物理世界与虚拟世界紧密相连,构建起一个设备、系统、人员全面互联互通的智能生态网络。从田间地头的智能传感器,到加工厂内的自动化生产线,再到物流车辆的实时追踪系统,物联网无处不在,它让农产品的生产、加工、销售每一个环节都处于监控之下,实现了供应链的全面透明化。在这片由数据编织的智能网络中,物联网技术如同眼睛,实时捕捉农产品的生长状态、环境参数、加工进度以及物流轨迹,这些数据被即时上传至协同平台,供各参与方共享与分析。种植者可以远程监控作物生长,及时调整灌溉、施肥计划;加工商能精准控制加工过程,确保产品质量;物流服务商通过实时定位与温控管理,保障农产品新鲜送达;销售商则依据库存与销售数据,灵活调整市场策略。物联网技术的深度融入,不仅提升了供应链的透明度与响应速度,更促进了农业资源的优化配置,降低了运营成本,增强了农产品的市场竞争力。

(三)协同平台在农产品供应链管理中的作用

在智慧生态农业的广阔实践中,协同平台整合了信息共享、资源调度与流程协同等多种功能,实现了供应链上下游企业间的高效沟通与协作。通过协同平台,农产品生产、加工、物流及销售等各环节的数据得以实时交换与共享,确保了信息的透明与准确,极大地避免了因信息不对称造成的决策失误与资源浪费。平台还具备强大的资源调度能力,能够根据市场需求与产能状况,智能匹配供需,优化资源配置。这不仅提高了农产品的流通效率,还通过减少库存积压与运输空驶,降低了运营成本,增强了供应链的响应速度与灵活性。此外,协同平台还支持各环节流程的在线协同与自动化处理,从种植计划的制订到收获后的加工、包装、配送,每一步都可在平台上进行无缝衔接,减少了人工干预,提升了整体运作的精准度与效率。在智慧生态农业的框架下,协同平台不仅是供应链管理的得力助手,更是推动农业产业转型升级的重要引擎。它通过促进供应链各环节的紧密合作与资源共享,构建了一个高效、协同、可持续的农产品供应链生态,为农业现代化与乡村振兴注入了强劲动力。

二、信息共享机制设计

（一）信息共享机制的重要性

在信息共享机制下，信息不对称的阴霾被一扫而空，取而代之的是信息的透明与共享，为整个供应链的运作效率的提升注入了强劲动力。智慧生态农业依托信息共享机制，实现了对市场动态、消费者需求以及产业链上下游供需信息的实时捕捉与传递。企业不再盲人摸象，而是能够基于准确的信息进行科学决策，大大降低了决策过程中的不确定性和风险。同时，这种机制还促进了供应链各参与方之间的紧密合作与协同，无论是生产计划的调整、库存管理的优化，还是物流路径的规划，都能在短时间内迅速响应市场变化，提升供应链的整体竞争力。更为深远的是，信息共享机制还激发了农业领域的创新活力。在信息的滋养下，新的农业技术、管理模式与商业模式不断涌现，为智慧生态农业的持续发展提供了源源不断的动力。

（二）信息共享机制的设计原则

在构建智慧生态农业的信息共享机制时，需精心布局，确保信息如活水般在供应链中自由流淌，同时又需筑起坚固的堤坝，守护数据安全与各方利益。实时性是信息共享的灵魂，它要求人们必须打破信息孤岛，利用先进的信息技术，让田间地头的生长数据、加工车间的生产状况、物流车辆的实时位置，乃至市场需求的微妙变化，都能第一时间传递至每一位参与者手中，确保决策基于最新最全的信息。完整性是信息共享的基石，从种子入土到产品上架，供应链的每一个环节、每一个细节都须被记录，无遗漏地共享给相关方，让信息的拼图完整无缺，为精准决策与高效协同提供坚实支撑。安全性是信息共享的防线，对于涉及商业秘密、个人隐私的敏感信息，人们需采用先进的加密技术，构建起铜墙铁壁，确保数据在传输与存储过程中的绝对安全，防止任何形式的泄露。最后，信息共享机制的可持续发展，离不开对各方利益的精心平衡。

(三)信息共享机制在农产品供应链管理中的应用

1. 降低信息不对称程度

信息共享机制的建立,使得市场动态与供需情况得以实时传递,信息的不对称壁垒被有效打破。企业不再受限于信息的滞后与不准确,而是能够第一时间掌握市场的脉搏,精准捕捉消费者需求的变化,以及上游原材料供应的波动。信息共享的深入,让供应链上的每一家企业都能基于全面的、实时的信息进行决策,这大大降低了因信息闭塞或误导而导致的决策失误。无论是生产计划的灵活调整,还是库存管理的精准控制,抑或物流路径的优化选择,都能在信息流的驱动下,实现快速响应与高效执行。这种基于信息共享的决策模式,不仅提升了供应链的整体反应速度,还增强了其应对市场变化的能力,确保了农产品从田间到餐桌的每一个环节都能紧密衔接,高效运转。

2. 提升供应链协同效率

通过实时共享田间地头的生长数据、加工车间的生产进度、物流车辆的动态轨迹以及市场需求的即时反馈,供应链上下游企业能够紧密联动,形成高效协同的作业模式。这一机制不仅让种植者能够精准掌握作物生长情况,及时调整种植策略,避免盲目生产导致的资源浪费,也让加工商能够依据实时生产数据,优化加工流程,减少不必要的损耗。物流服务商通过共享物流信息,实现运输路线的智能规划,降低空驶率,提高运输效率。销售商则能基于市场需求数据,精准预测,合理安排库存,有效避免库存积压,降低仓储成本。信息共享机制还促进了供应链各环节之间的信任建立,增强了合作黏性,使得整个供应链在面对市场波动时,能够迅速响应,灵活调整,保持高效稳定的运行。在智慧生态农业的框架下,信息共享机制正成为推动农产品供应链转型升级、实现高质量发展的关键引擎,它让农产品从田间到餐桌的每一步都更加智能、高效、绿色,为消费者带来更加优质、健康的农产品体验。

3. 促进农产品品质提升与安全监管

在智慧生态农业的广阔实践中,信息共享机制构建起一个透明、开放的信息平台,让企业、消费者乃至整个社会都能参与到农产品质量的监督与管理中来。从田间地头的播种、施肥,到加工厂的精心处理,再到物流环节的快速配送,信息共享机制实现了农产品从生产到消费全过程的无缝追踪,确保每一环节都符合质量标准,让农产品质量安全真正做到了可追溯、可控制。不仅如此,信息共享还成为推动农产品品质提升的强劲动力。通过实时共享市场反馈、消费者偏好及品质检测数据,企业能够精准把握市场需求,及时调整生产策略,引进新品种、新技术,提升农产品的营养价值与口感体验。这种基于信息的品质提升路径,不仅满足了消费者对高品质农产品的迫切需求,还促进了农业产业的转型升级,让智慧生态农业的果实更加丰硕、更加甜美。

第六章　智慧生态农业驱动的农产品营销策略创新

第一节　大数据与精准营销的结合应用

一、大数据在农产品营销中的应用

(一)农业大数据的收集与处理

物联网、遥感技术、气象数据、土壤监测等高科技手段，如同一张庞大的信息网，捕捉农业生产的每一个细微变化，汇聚成海量的数据资源。这些数据既是农业生产的宝贵记录，也是农产品营销决策的重要依据。面对如此庞大的数据海洋如何精准捕捞有价值的信息，成为智慧生态农业必须跨越的门槛。数据清洗如同筛选珍珠，去除杂质，保留纯净；数据整合将散落各处的信息碎片，拼接成完整的图景；数据存储则是构建稳固的仓库，确保数据的安全与随时取用。这一系列数据处理技术，是挖掘农业大数据价值的钥匙，它们让数据不再是冷冰冰的数字，而是转化为指导农产品营销的智慧源泉。智慧生态农业借助大数据的力量，能够精准分析市场需求，预测消费趋势，优化产品布局，实现农产品的个性化推广与精准营销。

(二)数据挖掘技术在农产品市场分析中的应用

数据挖掘技术通过对农产品市场历史数据的深度剖析，市场需求的变化脉络、价格波动的微妙规律、消费者偏好的细微差异，均被一一捕捉，这些宝贵的信息如同导航图，指引着农产品营销策略的精准制定。同样，关联规则挖掘技术如同显微镜，揭示了农产品之间、农产品与消费者行为之间的隐秘联系，为产品组合销售、跨界营销提供了创新思路。聚类分析技术则像一把锋利的刀,将庞大的市场细分为一个个特征鲜明的细分市场,让农产品能够精准定位,满足特定消费群体的个性化需求。在智慧生态农业的框架下,数据挖掘技术不仅提升了农产品营销的效率与精准度,更促进了农业资源的优化配置,推动了农产品供应链的转型升级,让农产品不再只是简单的商品,而是成为连接生产与消费、满足个性化需求、引领市场潮流的智能产品,为消费者带来更加丰富、多元、个性化的农产品体验,也为农业生产者开辟了更加广阔的市场空间与增值路径。

(三)农产品消费行为分析

大数据技术能够剖析农产品消费者的购买行为轨迹,细致捕捉消费习惯与偏好,将这些看似零散的信息汇聚成宝贵的洞察。通过这些深度分析,农产品生产者与销售者能够清晰地看见消费者的真实需求,如同拥有了一面透视市场的魔镜。依据这些精准的需求洞察,农产品结构得以灵活调整,更加贴近消费者的心声;营销策略也随之优化,实现个性化推广与精准触达,让每一份农产品都能找到最适合它的消费者。大数据不仅让当下的营销更加高效,更如同一位智慧的预言家,通过预测消费者未来的需求变化,为农产品生产与销售提供前瞻性的指导。在大数据的助力下,智慧生态农业的农产品营销不再是盲目的试错,而是基于数据的科学决策。这种以消费者为中心的营销模式,不仅提升了农产品的市场竞争力,还促进了农业资源的合理配置,为农业的可持续发展与消费者的满意度提升,铺设了一条坚实的道路。

(四)基于大数据的农产品市场需求预测

借助时间序列分析,农产品市场需求的季节性波动、周期性变化被清晰描绘,为生产者提前规划种植结构、调整产量提供科学依据。回归分析则深入探究市场需求与诸多影响因素之间的量化关系,如价格、收入、替代品价格等,使预测更为精细。机器学习技术的融入,让预测模型能够自动从海量数据中学习复杂模式,识别出隐藏的市场趋势,提升预测的精准度。不仅如此,结合宏观经济指标、制度导向、天气预报等外部信息,预测模型如同装上了翅膀,能够更全面地考量市场动态,进一步提高预测的准确性。在智慧生态农业的框架下,精准的市场需求预测不仅降低了市场风险,还为农产品生产、销售和库存管理提供了有力支持。生产者可以依据预测结果合理安排生产计划,避免盲目种植导致的资源浪费;销售者则能精准把握市场脉搏,制定更加灵活的营销策略,优化库存管理,确保农产品新鲜供应,满足消费者需求。因此,大数据技术正引领着农产品营销迈向智能化、精准化的新高度。

二、精准营销在农产品营销中的实践

(一)精准营销的概念与策略

精准营销根植于对消费者需求的深刻理解,通过收集与分析消费者的购买习惯、偏好及潜在需求,构建起一幅幅细腻的消费者画像。这些数据如同宝藏地图,指引着企业精准定位市场,制定出有的放矢的营销策略,让每一份农产品都能精准触达目标消费者。大数据技术的融入,更是为精准营销插上了翅膀。它不仅能深入挖掘现有市场的消费潜力,还能预见性地揭示潜在市场的广阔天地。通过对市场趋势的精准预测,企业得以在激烈的市场竞争中抢占先机,制订出更加科学、合理的营销计划。这种基于数据的决策模式,让农产品营销不再是盲目的试错,而是每一步都踏在坚实的基石之上。智慧生态农业中的精准营销,不仅提升了农产品的市场竞争力,更促进了农业资源的优化配置,实现了生产与市场的无缝对接,让农产品营销不再是简单的买卖行为,而是成为一场关于了解、满足与创造消费者需求的艺术,为农业的可持续发展与消费者的满意度提升,贡献着不可估量的价值。

(二)农产品目标市场细分

通过深入了解消费者需求,企业得以洞悉不同群体的独特偏好,从而将广阔的市场细分为一个个特征鲜明的消费群体。年龄层次成为细分市场的首要标准,年轻人追求新鲜、中年人注重健康、老年人偏爱传统,这些差异引导企业推出符合各年龄段口味的农产品,如年轻人钟爱的创意蔬果拼盘、中年人青睐的有机杂粮礼盒、老年人偏爱的传统手工艺食品。地域特色、收入水平、教育背景等因素也为企业提供了细分市场的多元视角。地域差异让农产品带上了浓厚的地方色彩,如北方偏爱的面食、南方热衷的稻米;收入水平影响着消费者对农产品品质与价格的敏感度,高收入群体更倾向于高端有机产品,低收入群体更注重性价比;教育水平则影响着消费者的消费观念与健康意识,高学历群体往往对农产品的营养价值与可持续性更为关注。智慧生态农业借助这些细分策略,让企业能够有的放矢,针对不同消费群体量身定制农产品与服务,不仅提升了营销效率,更满足了消费者日益多元化的需求,促进了农业资源的优化配置,推动了农产品市场的繁荣发展。

(三)精准营销在农产品推广与渠道管理中的应用

通过对消费者数据的深度剖析,企业得以精准把握不同消费群体的偏好与需求,从而有的放矢地选择推广渠道与方式,让营销信息如同定制般贴合每一位潜在顾客的心意。社交媒体、电商平台等数字化渠道,成为精准营销的得力助手,它们不仅拓宽了农产品的触达范围,更实现了个性化信息的精准推送,有效提升了用户黏性与购买率。精准营销的智慧,不仅体现在推广的精准度上,更在于它对渠道管理的深度优化。通过对销售数据的实时监测与分析,企业能够精准预测市场需求,合理安排生产计划与库存管理,有效降低库存积压的风险,提高资金周转率。同时,精准营销还助力物流效率的提升,通过数据分析优化配送路径,缩短农产品从田间到餐桌的时间,确保了农产品的新鲜度与品质。

(四)农产品品牌建设与精准营销

企业深入消费者需求的内核,挖掘市场的细微差异,据此制定产品定位,让农产品品牌如同定制服装,紧贴市场脉搏,独具竞争力。无论是主打绿色生态的有机蔬菜,还是强调地域特色的地方特产,精准的产品定位让品牌在市场中脱颖而出,吸引目标消费者的目光。精准营销还为企业搭建了与消费者直接对话的桥梁,通过社交媒体、线上活动、个性化推荐等多种渠道,企业能够实时捕捉消费者的反馈,及时调整营销策略,增强品牌的互动性与响应性。这种双向沟通不仅加深了消费者对品牌的认知与信赖,还提升了品牌的美誉度与忠诚度,让品牌成为消费者心中的首选。在智慧生态农业的框架下,品牌建设与精准营销相辅相成,共同推动农产品市场的变革与升级。企业不仅塑造了独具特色的品牌形象,提升了品牌价值,还通过加强与消费者的紧密联系,扩大了市场份额,实现了可持续发展。

第二节 社交媒体在农产品营销中的新角色

一、社交媒体平台的选择与农产品特点的匹配

农产品种类繁多,各具特色,其目标消费群体也呈现出多元化的特征,因此,将农产品的独特属性与适合的社交媒体平台相结合,就成为优化营销策略、触达潜在消费者的有效路径。对于绿色有机农产品而言,这类产品强调生态种植、健康无害的核心理念,吸引的是注重生活品质、追求健康饮食的消费者群体。微博和微信公众号等平台,凭借其广泛的用户基础和强大的内容传播能力,成为展示绿色有机农产品优势的理想场所。通过发布高质量的图文内容,如农场实景、种植过程、产品营养成分分析等,可以直观展示农产品的天然与纯净。同时,短视频形式的运用,如记录农产品的采摘、加工过程,能够进一步增强消费者的信任感与参与感,使绿色有机农产品的品牌形象深入人心。相比之下,特色农产品往往具有地域性、文化性等特点,它们需要更生动、直观的方式来展现其独特魅力。抖音、快手等短视频平台,以其强大的内容创造力和用户黏性,为特色农产品的宣传开辟了新天地。这些平台不仅拥有庞大的年轻用户群体,而且擅长通过算法推荐机制,将个性化内容精准推送给感兴趣的用户。特色农产品商家可以充分利用这一优势,制作富有创意的短视频,如展示农产品的独特制作过程、文化背景或食用方法,以此激发观众的好奇心和购买欲望,迅速提升品牌知名度和市场占有率。

二、社交媒体营销策略在农产品推广中的实践

(一)产品故事化与情感营销

在农产品推广的广阔舞台上,将产品故事化、情感化已成为连接消费者与

产品之间的重要桥梁。这不仅是一种营销策略,更是深度挖掘产品价值、激发消费者共鸣的艺术。每一份农产品,都承载着独特的产地风情、匠心独运的生产过程以及农民们汗水浇灌的辛勤故事。想象一下,当消费者了解到某款大米源自远离尘嚣的纯净山谷,那里四季分明,云雾缭绕,每一粒米都在充足的阳光与甘甜的山泉滋养下茁壮成长,这样的故事怎能不令人心生向往?又如,那篮色泽诱人、口感鲜美的水果,背后是果农们年复一年、日复一日地精心照料,从修剪枝条到人工授粉,每一步都倾注了对自然的敬畏与对品质的执着追求。这些故事,如同一幅幅生动的画卷,在消费者心中缓缓展开,让产品不再仅仅是餐桌上的食物,而是承载着情感与记忆的珍贵礼物。社交媒体平台的兴起,更是为农产品故事的传播插上了翅膀。在这里,每一个点赞、每一条评论都是消费者与产品之间情感交流的火花。通过分享农民的日常劳作、产品的生长瞬间,甚至邀请消费者参与直播互动,共同见证农产品的成长历程,这种参与感和共创感极大地增强了消费者对产品的情感认同。消费者不再只是被动的接受者,而是成为产品故事的一部分,他们的声音与期待被听见。这种深层次的情感链接,无疑为产品增添了无可估量的价值。

(二)网络红人与农产品品牌塑造

网络红人以其独特的魅力和庞大的粉丝基础,通过社交媒体平台与粉丝建立起紧密连接,为农产品的宣传推广开辟了新的路径。与网络红人合作,意味着农产品品牌能够借助其强大的粉丝效应,实现品牌影响力的快速扩张,触达更广泛的消费群体。网络红人以其独特的个人风格和影响力,能够将农产品的故事和价值以更加生动、有趣的方式传递给粉丝。这种个性化的传播方式,不仅让农产品品牌显得更加鲜活,也更容易激发消费者的共鸣和兴趣。通过合作,网络红人可以在自己的社交媒体账号上分享农产品的食用体验、背后的故事或是种植过程的趣闻,以此吸引粉丝的关注,并激发他们的购买欲望。更为重要的是,网络红人还可以为农产品代言,以自身的形象和信誉为产品"背书"。在网络环境中,粉丝往往对红人有着高度的信任和依赖,他们的推荐往往能够迅速转化为消费者的购买行为。因此,当网络红人成为农产品的代言人时,他们不仅能够传递产品的基本信息,更能够传递一种信任感,让消费者对农产品的品质和安全性产生更高的认可度。此外,与网络红人的合作还能为农产品品牌带来创意上的碰撞。他们通常具备丰富的创意资源和强大的内容生产能力,能够为农产品的宣传策划出新颖、有趣的活动或内容,从而进一步提升品牌的知名度和吸引力。这种合作不仅能够促进农产品的销售,更能够在消费者心中建立起积极的品牌形象,为农产品的长期发展奠定坚实的基础。

(三)社交互动与消费者参与度提升

在这个充满活力的数字时代,线上活动、互动游戏、问答竞赛等活动成为连接消费者与农产品的纽带,不仅极大地激发了消费者的参与热情,还显著提升了消费者对农产品的认知度和购买意愿。想象一下,一场以农产品为主题的线上烹饪大赛,消费者们纷纷上传自己使用特定农产品制作的创意菜肴视频,不仅展示了农产品的多样性和烹饪潜力,还激发了更多人的好奇心和尝试欲望。这样的活动,不仅让农产品以更生动、直观的方式呈现在消费者面前,更在轻松愉快的氛围中加深了消费者对农产品的印象。而互动游戏,如农产品知识问答、种植体验模拟等,更是寓教于乐,让消费者在游戏中学到农产品的相关知识,增强了产品的记忆点。问答竞赛则通过设置有奖问答的形式,鼓励消费者积极参与,既增加了活动的趣味性,又有效提升了农产品的品牌曝光率。此外,社交媒体平台的评论区、私信等功能,为农产品营销提供了宝贵的直接反馈渠道。消费者在这里可以自由表达对产品的看法、提出疑问或建议,而这些宝贵的意见,正是农产品生产者改进产品、优化服务的重要依据。通过与消费者的实时互动,农产品生产者能够更精准地把握市场趋势,及时调整营销策略,确保农产品始终贴近消费者需求。这种双向沟通的模式,不仅增强了消费者对农产品的信任感,还促进了农产品品牌的长期建设。在社交媒体上,每一次真诚的回复、每一条用心的解答,都是品牌形象的塑造,它们共同构建了一个积极、健康的营销环境,为农产品的持续推广和销售提供了有力的支持。

三、农产品营销中社交媒体的创新传播方式

(一) 短视频与直播营销

短视频与直播营销正逐步成为农产品营销领域的新风尚。它们以直观、即时的方式,为农产品的推广和销售带来了前所未有的机遇。通过短视频,农产品商家能够生动展现产品的生长过程、产地环境以及独特的种植或养殖方式,这些真实、细腻的画面,让消费者仿佛置身于田间地头,亲眼见证农产品的诞生与成长。这种沉浸式的体验,极大地增强了消费者对农产品品质的信任感,使他们更愿意为优质农产品买单。短视频的传播速度快、覆盖范围广,能够在短时间内迅速提升农产品的知名度。商家可以精心策划一系列短视频内容,如农产品的种植技巧、生长周期的变化、农人的辛勤劳动等,通过富有故事性的叙述,吸引消费者的目光,激发他们的好奇心和购买欲望。这些短视频不仅能够在社交媒体平台上广泛传播,还能通过搜索引擎优化,被更多潜在消费者发现,从而拓宽农产品的销售渠道。而直播带货模式,更是将农产品的营销推向了一个新的高度。在直播中,主播可以实时展示农产品的外观、口感、食用方法等,让消费者在第一时间了解农产品的特点。这种即时的互动,让消费者有了更多的参与感和代入感,他们可以直接向主播提问,获取农产品的详细信息,甚至可以通过弹幕、评论等方式,与其他观众分享心得,形成良好的购买氛围。直播带货的即时性和互动性,极大地提高了消费者的购买决策效率,使他们能够在短时间内做出购买决定。

(二) 个性化推荐与大数据分析

在当今数字化时代,大数据分析与人工智能技术的融合,正为农产品营销带来前所未有的精准度与效率。通过深度挖掘消费者行为数据,企业能够洞察消费者的真实需求与偏好,进而实施个性化推荐,使得农产品营销更加有的放矢。大数据分析如同一位无形的市场洞察者,它能够从消费者的购买记录、浏览历史、搜索关键词等多种信息中,提炼出消费者的偏好模式。例如,对于偏爱有机食品的消费者,系统可以精准推送那些经过认证的有机农产品;对于追求新鲜体验的消费者,则可以推荐当季的特色农产品。这种基于数据的个

性化推荐,不仅提升了消费者的购物体验,也极大地提高了农产品的转化率。与此同时,人工智能技术的加入,更是将农产品营销的自动化与智能化推向了新的高度。通过训练智能算法,系统能够自动分析市场趋势,预测消费者需求变化,从而提前调整库存与营销策略。在营销执行层面,AI可以智能生成营销内容,如广告文案、社交媒体帖子等,确保每一份营销材料都能精准触达目标受众,提升营销效果。更重要的是,人工智能还能实现消费者服务的智能化升级。通过聊天机器人、智能客服系统等工具,企业能够以24小时不间断的方式,快速响应消费者咨询,解决购买过程中的疑问,进一步提升消费者的满意度与忠诚度。

(三)虚拟现实(VR)与增强现实(AR)技术的应用

虚拟现实(VR)与增强现实(AR)这两项技术以其独特的沉浸式体验和互动性,为农产品商家提供了一个全新的展示和推广平台,让消费者能够以更加直观、生动的方式,深入了解农产品的产地环境、生产过程以及产品的独特魅力。通过VR技术,消费者可以身临其境地走进农产品的产地,感受那里的自然风光和人文气息。无论是广袤的田野、茂密的果园,还是宁静的牧场,VR技术都能将这些场景真实、立体地呈现在消费者眼前。他们可以在虚拟环境中自由探索,近距离观察农产品的生长状态,甚至参与到种植、采摘等生产环节中,这种前所未有的体验,极大地增强了消费者对农产品品质的信任感和认同感。而AR技术,则以一种更加直观、有趣的方式,将农产品以虚拟形式展示在消费者面前。商家可以通过AR应用,将农产品的三维模型、营养成分、食用方法等信息,以虚拟标签、动画或互动游戏的形式,叠加在现实世界的场景中。消费者只需通过手机或平板电脑等设备,就能轻松获取这些信息,与农产品进行互动,这种新颖、有趣的展示方式,极大地提高了消费者的购买兴趣和参与度。VR与AR技术的创新应用,不仅为农产品商家提供了一个更加生动、直观的展示平台,还为消费者带来了一种全新的购物体验。这些技术不仅能够帮助消费者更好地了解农产品的品质和特点,还能激发他们的购买欲望,提高购买决策的效率。同时,这些技术的应用也有助于提升农产品的品牌形象和市场竞争力,为农产品的长期发展注入新的活力。

第三节 营销策略创新的实践

一、基于大数据的消费者需求分析

(一)数据收集与处理

在大数据的时代浪潮中,农产品营销策略的制定越发依赖对消费者需求的精准洞察,数据收集与处理成为这一过程中的关键环节,它如同挖掘宝藏前的细致勘探,为后续的策略制定奠定了坚实的基础。消费者在购买、浏览、评价农产品时,会产生大量的数据痕迹。这些数据涵盖了消费者的基本信息,如年龄、性别、地域等,同时也记录了他们的消费行为,如购买频率、购买时间、购买渠道等。更重要的是,这些数据还隐含着消费者的偏好与需求,如对某种农产品的喜爱程度、对价格敏感度的高低、对包装设计的偏好等。为了充分利用这些数据,需要进行一系列的数据整理、清洗和存储工作。数据整理是将原始数据按照一定的逻辑和规则进行归类和整理,使其更加有序和易于分析。数据清洗是去除数据中的错误、重复或无效信息,确保数据的准确性和可靠性。数据存储则是将处理后的数据保存在安全、高效的存储介质中,以便后续的分析和挖掘。

(二)消费者需求挖掘

在数据收集完毕后,通过运用诸如关联规则、聚类分析等高级分析方法,可以深入挖掘隐藏在海量数据背后的宝贵信息。关联规则挖掘能够揭示消费者购买行为之间的内在联系,比如哪些农产品经常一起被购买,这有助于发现消费者购物篮中的潜在搭配需求,为农产品组合销售提供策略支持。聚类分析则能将消费者按照购买习惯、偏好等特征进行细分,形成不同的消费群体。这样的细分不仅有助于了解各群体的独特需求,还能发现未被充分满足的市场空白点,为农产品企业开发新产品或调整产品线提供方向。这些数据挖掘技术还能揭示消费趋势的演变,比如对某一类农产品的兴趣是否在上升,或者消费者对于农产品的健康、环保属性是否越来越重视。

(三)需求预测与市场定位

深入挖掘消费者需求不仅可以揭示当前消费者的偏好与行为模式,更预示着市场可能的发展方向。基于这些需求预测,企业能够更为精准地制定市场定位策略,确保产品与服务紧贴市场需求,从而在竞争中占据有利地位。为了满足消费者日益多样化的需求,企业应灵活调整产品结构。通过对消费者需求的细致分析,企业能够识别出哪些产品更受欢迎,哪些产品存在改进空间,进而对产品进行迭代升级或推出全新产品线。同时,优化供应链也至关重要。企业需确保供应链的高效运作,从源头把控农产品质量,缩短农产品从产地到消费者手中的时间,提升整体供应链的响应速度和灵活性。此外,拓展销售渠道也是企业应对市场需求变化的重要手段。随着消费者购物习惯的不断变化,线上销售、直播带货等新兴渠道正逐渐成为主流。企业要紧跟时代步伐,积极拥抱这些新兴渠道,同时也不忘巩固传统渠道,形成线上线下融合的全渠道销售网络,以最大化地覆盖目标消费群体。

二、智能化营销传播策略

(一)社交媒体营销

社交媒体平台如微博、抖音、微信公众号等,已成为农产品营销传播的重要阵地,这些平台凭借其庞大的用户基础和高度互动性,为农产品品牌提供了广阔的展示空间和无限的营销可能。在微博上,通过发布农产品种植、采摘、制作等过程的趣味短视频或图文,可以迅速引起消费者的关注,让他们感受到农产品的真实与新鲜。同时,利用微博的话题功能,参与或发起与农产品相关的热门话题讨论,能够进一步提升品牌的曝光度和参与度。抖音作为短视频领域的佼佼者,更是农产品展示和销售的理想平台。通过创意短视频,展示农产品的独特之处,讲述其背后的故事,不仅能激发消费者的购买欲望,还能在娱乐中传递品牌价值。微信公众号则以其深度内容和精准推送的特点,成为农产品品牌与消费者建立长期联系的重要渠道。定期发布关于农产品的专业知识、烹饪技巧、营养价值等内容,可以增强消费者对品牌的信任和依赖,形成稳定的粉丝群体。

(二) 个性化推荐系统

大数据与人工智能技术的融合,为农产品领域带来了革命性的变革,尤其是通过构建个性化推荐系统,极大地提升了消费者的购买体验与企业的销售业绩。个性化推荐系统基于消费者在平台上的行为数据,如浏览记录、购买历史、偏好反馈等,运用复杂的算法模型,深度挖掘消费者的潜在需求与偏好。这一系统能够智能分析每位消费者的独特需求,从而精准推送符合其口味的农产品,无论是新鲜果蔬、特色杂粮还是有机食品,都能实现个性化匹配。这种精准推荐不仅增强了消费者的购物体验,提升了购买满意度,还促进了企业与消费者之间的深度互动。消费者感受到被重视与理解,更愿意在平台上进行多次购买,甚至成为品牌的忠实拥趸。对于企业而言,个性化推荐系统有效提高了转化率与销售额,降低了营销成本,使资源得以更高效的分配。此外,个性化推荐系统还能帮助企业及时发现市场趋势与消费者偏好的微妙变化,为产品开发与市场策略调整提供数据支持。企业可以根据推荐系统的反馈,快速调整产品线,优化库存管理,确保市场供应与消费者需求的高度契合。

(三) 跨界合作与品牌联动

通过与旅游、文化、教育等行业的深度融合,农产品企业能够打破传统界限,实现资源共享与优势互补,共同打造具有鲜明特色的农产品品牌。与旅游业的合作,可以将农产品融入乡村旅游线路,让游客在体验田园风光的同时,品尝并购买当地特色农产品。这种"旅游+农产品"的模式,不仅丰富了旅游内容,也为农产品提供了更广阔的展示和销售平台,增强了品牌的传播力。与文化产业的合作,为农产品赋予了更深厚的文化内涵。通过挖掘农产品背后的历史故事、传统工艺,结合现代设计理念,打造具有文化特色的农产品品牌。这样的品牌不仅具有市场竞争力,还能成为文化传承的载体,提升农产品的附加值。与教育行业的合作,则为农产品品牌注入了新的活力。通过组织农产品知识讲座、烹饪课程、亲子采摘等活动,让消费者在参与中学习农产品的相关知识，增强对品牌的认知和认同。这种寓教于乐的方式，不仅提升了消费者的体验，也为农产品品牌培养了潜在的忠实客户。

三、供应链优化与农产品品质保障

（一）智慧物流与供应链管理

在农产品供应链中，物联网技术通过传感器等设备，实时收集农产品的生长环境、运输条件、库存状态等关键信息。这些信息被大数据平台收集、整合与分析，形成对农产品供应链全过程的精准监控与管理。企业能够实时掌握农产品的位置、数量、质量状况，从而做出更加迅速、准确的决策。在物流环节，这种智能化管理带来了显著的成本降低与效率提升。通过数据分析，企业能够优化运输路线，减少不必要的运输环节，降低燃油消耗与人力成本。同时，物联网技术还能实时监控农产品的运输环境，确保其在最佳条件下运输，减少损耗与浪费。此外，大数据平台还能预测农产品的需求变化，帮助企业提前调整库存，避免过度库存或缺货带来的成本增加。这种基于数据的预测与决策，使农产品供应链的响应速度更加迅速，能够更好地满足市场需求。物联网与大数据技术的应用，还促进了农产品供应链各环节的协同与信息共享，减少了信息不对称带来的问题与风险。

（二）农产品质量安全追溯体系

农产品质量安全追溯体系通过信息化手段，对农产品的生产、加工、销售等环节进行实时监控和记录，实现了农产品全链条的信息可追溯。在生产环节，追溯体系详细记录农产品的种植或养殖过程，包括种子、化肥、农药等投入品的使用情况，生长环境参数，以及农产品检测结果等。这些信息为农产品的质量提供了源头保障。进入加工环节，追溯体系关注农产品的加工过程，记录加工方法、添加剂使用情况、加工环境等信息，确保加工过程符合食品安全标准。在销售环节，追溯体系记录农产品的流通路径、销售对象和销售数量等，使消费者能够了解农产品的流通情况，增强对农产品的信任。此外，追溯体系还具备数据采集、存储、处理和分析等功能，能够及时发现和处理农产品中的质量问题,实现农产品的快速召回和追溯。这不仅有助于保护消费者的权益,还能提升农产品的品牌形象和市场竞争力。

(三)基于区块链技术的农产品认证

区块链技术以其去中心化、信息不可篡改的特性,确保了农产品从生产到销售各环节信息的真实性与完整性。在农产品生产过程中,区块链可以记录农产品的种植时间、地点、施肥量、农药喷洒量等关键信息,这些信息一旦记录便无法被篡改,从而确保了农产品的来源可靠。同时,区块链技术还能实现农产品的品质追溯。通过区块链,消费者可以查询到农产品的生长环境、加工过程、运输条件等详细信息,这些信息为消费者提供了全面的品质保证。当农产品出现问题时,区块链技术能够快速定位问题源头,及时采取措施,防止问题扩散,保障了消费者的权益。此外,区块链技术还为农产品提供了独特的身份标识。每一份农产品都可以通过区块链技术获得一个全球唯一的追溯码,这个追溯码就像农产品的身份证,让消费者在购买时能够轻松识别农产品的真伪与品质。

第七章 智慧生态农业与农产品品牌建设

第一节 品牌建设与智慧农业的概述

一、品牌

1960年,美国营销学会(AMA)给出了对品牌较早的定义:品牌是一种名称、术语、标记、符号和设计,或者它们的组合运用,其目的是借以辨认某个销售者或者某个销售者的产品或服务,并使之与竞争对手的产品和服务区分开来。现代营销学之父科特勒在《市场营销学》中对品牌的定义为:品牌是生产者或销售者向购买者长期提供的一组特定的特点、利益和服务。简单地说,品牌就是一个可以依赖的而且被消费者确认的新产品的标志。

二、农产品品牌

农产品品牌是指农产品经营者通过取得相关的质量认证和相应的商标权,以提高市场认知度,在社会上获得良好口碑的这样一类农产品标志。它可以用来证明农产品的所有权。

由此可见,取得农产品的质量认证,比如无公害农产品、绿色农产品和有机农产品这样的"三品"认证,并且通过相应的商标注册获得商标权,是农产品品牌建设的两个必要条件。在此基础上,再通过宣传推广提高市场认知度,在消费者中获得良好的口碑,这样的农产品才真正称得上是农产品品牌。例如,"三只松鼠""褚橙""烟台大樱桃""文登西洋参""盱眙龙虾""乳山牡蛎"等。

乳山牡蛎就是因为生长在那片独特的海域,成就了它个体大、肉质嫩、味道鲜的独特品质。有几名政协委员曾经在一次会议上发言,建议借乳山牡蛎被认定为国家地理标志产品的东风,打造"乳山牡蛎"的品牌农业。乳山市行政部门接受了提议,成立了乳山牡蛎协会,申请了农产品绿色认证,并且注册了乳山牡蛎的商标,然后在全国征集到"乳山牡蛎,百蛎挑一"的广告语,邀请中央电视台《乡村大世界》栏目组到乳山做了两期关于乳山牡蛎的节目,乳山牡蛎爆红网络。随着生产加工的规范化和标准化,特别是后期又举办了几次盛大的牡蛎节,乳山现已成为闻名世界的牡蛎之乡,整个产业产值达到15亿,带动当地1.2万人就业,如今的乳山牡蛎已成为乳山海洋渔业的支柱产业。

三、农产品区域品牌

农产品区域品牌是指在特定农业生产区域内创建的农产品品牌,包括农产品区域公用品牌和农产品企业品牌。

农产品区域公用品牌是指在一个具有特定自然生态环境、历史人文因素的区域内,由相关组织所有,由若干农业生产经营者共同使用的农产品品牌。该类品牌由"产地名+产品名"构成,原则上产地应为县级或地市级,并有明确生产区域范围。比如"五常大米""西湖龙井""烟台苹果""寿光蔬菜""潍坊萝卜""宁夏枸杞""鱼台大米"等。

四、农产品品牌建设

农产品品牌建设是指农产品经营者对农产品品牌进行的规划、设计、宣传、管理的行为和努力,主要包括品牌定位、品牌规划、品牌形象、品牌延伸等过程。应该走出起个名字、注册个商标、设计个包装就是建成一个农产品品牌的误区。许多经营主体做的农产品品牌有名无实、无根无魂。品牌传播空泛无力、没有来头、不讲道理,甚至无病呻吟。他们只重视品牌可见的部分,以为做品牌就是给自己的农产品起个名字、设计个logo、搞个广告语、开个发布会。一个农产品品牌是要有灵魂的。一个真正的品牌其实应由两部分组成:一部分是看得见的外部形象,另一部分是容易被忽视的品牌灵魂。一个品牌应该外有形象,内有价值,内外兼修,相得益彰,才是真正优秀的品牌。否则,如果一个品牌只做农产品品牌形象和传播,品牌内涵空泛,与产品和消费者分离,这个品牌就是空中楼阁,对产品的销售和品牌进驻消费者的心智没有一点帮助,即使有一点作用,也不会持久。所以说农产品品牌建设不是一蹴而就的事,是一种长期行为,一个渐进过程,需要不懈地努力。

五、农产品品牌特性品牌的特性

(一)品牌具有排他性

品牌是用以识别生产者或销售者的产品或服务的。品牌拥有者经过法律程序的认定,享有品牌的专有权,有权要求其他企业或个人不能仿冒和伪造。这一点也是指品牌的排他性,然而我国的企业在国际竞争中没有很好地利用法律武器,没有发挥品牌的专有权。进入21世纪以来,人们不断看到国内的金字招牌在国际市场上遭遇的尴尬局面:100多个品牌在日本被抢注,180多个品牌在澳大利亚被抢注。

(二)品牌具有价值性

由于品牌拥有者可以凭借品牌的优势不断获取利益,可以利用品牌的市场开拓力、形象扩张力、资本内蓄力不断发展,因此人们可以看到品牌的价值虽然不能像物质资产那样用实物的形式体现,但它能使企业的无形资产迅速增大,并且可以作为商品在市场上进行交易。因此品牌是企业无形的资产,具有潜在的价值。中国的品牌创造虽起步较晚,但发展较为迅速,很多品牌的价值也很不菲。"盘锦大米"品牌价值达529亿元、"赣南脐橙"680亿元、"金乡大蒜"218亿元、"洛川苹果"687亿元、"滕州马铃薯"158亿元等等。(以上数据均来源于《中国农业品牌R录2019农产品区域公用品牌(第一批)价值评估榜单》,只保留整数位。)

(三)品牌转化具有一定的风险性

品牌创立后,在其成长的过程中,由于市场不断变化,需求不断提高,企业的品牌资本可能壮大,也可能缩小,甚至在竞争中退出市场,品牌的成长因此存在一定风险,对其评估也存在难度。对于品牌的风险,有时是因企业的产品质量出现意外,有时是因服务不过关,有时是因品牌资本盲目扩张、运作不佳。这些都给企业品牌的维护带来难度,对企业品牌效益的评估也出现不确定性。

(四)品牌具有表象性

品牌是企业的无形资产,不具有独立的实体,不占有空间,但它最原始的目的就是让人们通过一个比较容易记忆的形式来记住某一产品或企业。因此,品牌必须有物质载体,需要通过一系列的物质载体来表现自己,使品牌有形化。品牌的直接载体主要是文字、图案和符号,间接载体主要有产品质量、产品服务、知名度、美誉度、市场占有率。没有物质载体,品牌就无法表现出来,更不可能达到品牌的整体传播效果。优秀的品牌在载体方面表现较为突出,如"可口可乐"的文字,使人们联想到其饮料的饮后效果,其红色图案及相应包装能起到独特的感官印象;再如"麦当劳",其黄色拟拱形"M"会给人们独特的视觉效果。

(五)品牌具有扩张性

品牌具有识别功能,代表一种产品、一家企业。企业可以利用这一优点展示品牌对市场的开拓能力,还可以帮助企业利用品牌资本进行扩张。除此之外,农产品品牌的特性还表现在"一个前提、两大难点、一个误区"。

一个前提:规模与集中。

长期以来,许多优质农产品一直做不大,总是徘徊在自然经济的状态中,问题出在没有上规模,高度分散,做出来的所谓的品牌体量太小,销售太少,影响力也就太小。因此规模与集中,是农产品做品牌的前提。

两大难点:一是低值易损包装难,二是高度均质差异化难。

低值易损包装难:"低值、易损、不好保鲜、难以包装"是餐桌食品做品牌的第一个难点,最为典型的是非深加工的蔬菜、水果、鲜肉、水产品等。对于低值、易损的非深加工产品,消费者在生活水平不高的时候,不会对这种产品产生品牌需求。同时,这类产品不好保鲜,难以工业化包装,运输、展示和标识难以实现。因此,做品牌难度很大。

高度均质差异化难:众所周知,差异化是品牌营销永恒的法宝,可是多数农产品偏偏天生就是弱差异,这里称为高度均质。高度均质有两种情况,一种情况是同类产品之间从里到外差异不大,在营养成分、性状、口感等方面高度趋同,分不出彼此。另一种情况是虽然一些产品在内在品质上有差异,可是在外观上非常不明显。如果不借助仪器,普通消费者不吃不尝,很难凭借肉眼分辨出来。比如,红富士苹果有二十多个品种,一般消费者如果不吃不尝,就没有办法知道哪个脆、哪个面、哪个香、哪个甜。

一个误区:以产地为品牌,资源共享。

非深加工的农产品,有许多是土特产品、名品甚至是珍品,如东北人参、西北枸杞、华北小枣、板栗、华东金华火腿、龙井茶和大闸蟹、江西赣州脐橙,两广沙田柚,这些正是"有品无牌"的重灾区。这些土特名品的出现,是依托当地独特的气候、地理或者历史人文因素产生、成长和出名的,因而这些产品在品牌营销中对产地有极强的依赖性和关联性,由此出现了两种极为普遍的现象:一是品牌命名喜欢以"产地+品类"命名,比如金华火腿、西湖龙井;二是品牌所有权归属不清,产地资源共享。这样势必走进品牌公地困局,这是一个极大的误区。如我国某品牌大米名声如雷贯耳,其专卖店开遍了全国,可是其近年来掺假已经成为公开的秘密。据业内数据了解,该品牌大米年产量最多为100万吨,可市场上的实际销售多达1 000万吨。该市相关领导曾经到全国各地暗访打假,结果险些被打。千年传承的金华火腿,2003年曾大面积出现敌敌畏浸泡火腿防腐事件,整个品类几乎遭遇灭顶之灾。时至今日,品牌美誉度和集中度都没有根本改变,品类潜在风险很大,随时都有可能遭遇不测,前功尽弃。要想走出农产品区域公用品牌的困局,必须由行政部门主导,企业主营,采用行政部门、企业双轮驱动的新模式。

第二节 智慧手段在品牌塑造中的应用

一、智慧农业对农产品品牌建设的促进作用

在信息技术日新月异的今天,智慧农业正逐步成为推动农业转型升级的关键力量,不仅深刻改变了传统农业的面貌,更为农产品品牌建设开辟了全新的路径。智慧农业通过深度融合物联网、大数据、云计算等前沿科技,为农产品的品质提升、过程追溯及成本优化提供了强有力的技术支撑。智慧农业技

术的应用,显著提升了农产品的整体品质。借助物联网传感器,农业生产者能够实时监测土壤湿度、光照强度、温度等关键环境因素,并根据作物生长需求进行精准调控,从而确保农产品在最佳条件下生长,有效提高了农产品的口感、营养价值和外观品质。这种基于数据的精细化管理,为农产品品牌建设奠定了坚实的基础,使得农产品能够凭借卓越的品质在市场中脱颖而出。同时,智慧农业还实现了农产品生产全链条的可追溯性。通过为农产品赋予唯一的身份标识,结合大数据平台记录的生产、加工、运输等各环节信息,消费者可以轻松查询到农产品的来源、生长周期、使用农药化肥情况等详细信息。这种透明度极高的生产方式,极大地增强了消费者对农产品品牌的信任感,为品牌赢得了良好的口碑和忠诚度。此外,智慧农业在降低生产成本、提高农业附加值方面也展现出巨大潜力。大数据分析能够帮助农业生产者精准预测市场需求,合理安排生产计划,避免过度种植或库存积压导致的资源浪费。云计算技术的应用,则使得农业生产管理更加智能化,通过远程监控和自动化控制,减少了人力成本,提高了生产效率。这些措施共同作用,不仅降低了农产品的生产成本,还通过提升农产品品质和附加值,为农产品品牌的发展创造了更为广阔的市场空间和利润空间。

二、农产品品牌在智慧农业背景下的创新策略

(一)品牌定位与市场细分

不同的消费群体,其消费习惯、偏好及购买力均存在差异,其中,年轻群体可能更青睐于便捷、健康且富有创意的农产品,而中老年消费者则可能更注重农产品的传统风味与营养价值。因此,品牌需通过大数据分析、市场调研等手段,精准描绘出各细分市场的消费者画像,从而制定出差异化的产品策略。例如,针对追求健康生活的年轻消费者,可以推出低脂、低糖、富含膳食纤维的农产品;对于注重传统风味的消费者,则可以保留农产品的原始风味与制作工艺,满足其怀旧情怀。深入了解消费者需求,是农产品品牌打造个性化产品的关键。品牌应建立有效的消费者反馈机制,通过社交媒体、问卷调查、客户访谈等方式,及时捕捉消费者的声音。这些反馈不仅能帮助品牌优化现有产品,

还能激发新的产品创意。例如,当消费者表达了对农产品新鲜度的高度关注时,品牌可以加强冷链物流建设,确保产品从田间到餐桌的每一个环节都保持最佳状态。此外,在智慧农业技术的支持下,品牌可以更加科学地管理种植、养殖过程,提高农产品的品质与安全性。例如,利用物联网技术监测土壤湿度、养分含量及病虫害情况,实现精准灌溉、施肥与病虫害防治;通过区块链技术追溯农产品的生产、加工、运输等环节,确保消费者能够轻松获取产品的全部信息,增强其对品牌的信任感。

(二)品牌传播与渠道拓展

互联网与社交媒体作为新媒体平台,正成为农产品品牌提升知名度与美誉度的关键战场。通过精心策划的内容营销,品牌能够讲述产品背后的故事,传递品牌理念,与消费者建立情感连接。社交媒体上的互动与口碑传播,更是为品牌积累了大量的忠实粉丝,形成了强大的品牌影响力。这些平台不仅让品牌信息触达更广泛的目标群体,还通过用户生成内容(UGC)的方式,增强了品牌的真实性与可信度。线上线下融合的销售模式,为农产品品牌提供了更为多元的销售渠道。智慧农业技术的应用,使得农产品能够在线上平台进行直观展示,消费者可以随时随地了解产品信息,进行在线购买。同时,线下体验店的设立,让消费者能够亲身体验产品的品质,进一步增强了购买意愿。这种线上线下互补的销售模式,不仅拓宽了销售网络,还通过体验营销深化了品牌形象,提升了市场竞争力。电商平台与农产品品牌的合作,正成为市场拓展的重要推手。电商平台凭借其庞大的用户基础、高效的物流体系以及丰富的营销工具,为农产品品牌提供了前所未有的市场机遇。品牌通过与电商平台深度合作,不仅能够快速触达全国乃至全球消费者,还能借助平台的流量优势,实现销量的快速增长。此外,电商平台上的大数据分析,能够帮助品牌精准定位目标客户,制定更加有效的营销策略,进一步推动品牌的市场占有率。

(三)品牌形象与质量保障

第一,加强产品质量监管,是农产品品牌赢得消费者信任的基础。智慧农业技术的应用,为农产品质量监管提供了前所未有的便利。品牌应充分利用物联网、大数据等先进技术,实现对农产品生产全过程的实时监测与精准控制。从种植、养殖到采摘、加工,每一步都需严格遵循食品安全标准,确保农产品无污染、无残留,达到优质安全的标准。同时,建立严格的质量检测体系,对农产品进行定期抽检,及时发现并解决潜在的质量问题,维护品牌声誉。

第二,建立健全品牌形象管理体系,是提升农产品品牌影响力的关键。品牌形象是消费者对品牌的整体认知与感受,它关乎品牌的信任度、美誉度及忠诚度。农产品品牌应注重品牌故事的讲述,将品牌理念、文化及价值观融入其中,打造具有独特魅力的品牌形象。此外,通过线上线下相结合的营销方式,加强与消费者的互动与沟通,提升品牌的知名度与影响力。同时,关注消费者反馈,及时调整品牌策略,确保品牌形象与市场需求保持同步。

第三,智慧农业技术,为农产品品牌提供了提高生产效率、降低成本的强大支撑。通过精准农业、智能灌溉、无人机监测等技术手段,品牌能够实现对农业生产资源的优化配置,提高土地利用率及作物产量。同时,智慧农业技术的应用还能有效减少化肥、农药的使用量,降低环境污染,实现绿色可持续发展。在成本控制方面,智慧农业技术能够减少人力、物力投入,提高生产效率,为品牌创造更多利润空间,为长期发展奠定坚实基础。

三、农产品品牌与智慧农业融合

(一)技术创新与品牌提升

品牌通过引进先进的智能设备与研发新型农业技术,不仅显著提升了农产品的品质和产量,还成功实现了差异化竞争,进一步增强了市场竞争力。智能设备在农业生产中的广泛应用,为农产品品质的提升奠定了坚实基础。从智能灌溉系统到无人机植保,再到温室环境控制系统,这些设备能够实时监测土壤湿度、养分含量、病虫害情况等关键指标,并根据作物生长需求进行精准调控。这种精细化管理,确保了农产品在最佳的生长条件下生长,不仅提高了产量,更使得农产品的口感、营养价值和外观品质得到了显著提升。品牌因此能够向消费者提供更高品质的农产品,从而在市场中脱颖而出。新型农业技术的研发,则为农产品品牌实现差异化竞争提供了有力支持,通过基因编辑、生物育种等先进技术,品牌能够培育出具有独特口感、更高营养价值或更强抗逆性的农产品品种。这些独特的品种不仅满足了消费者对高品质农产品的需求,还帮助品牌在市场中建立了鲜明的品牌形象,实现了差异化竞争。同时,新型农业技术还能够提高农业生产效率,降低生产成本,为品牌创造更大的利润空间。

(二) 产业链整合与品牌价值提升

农产品品牌与智慧农业的深度融合,不仅促进了产业链上下游企业的紧密合作,实现了资源的优化配置,还显著提升了产业链的整体效益,为农产品品牌的发展注入了新的活力。在智慧农业的助力下,农产品品牌能够更加精准地掌握市场需求,与上下游企业形成紧密的合作关系。上游的种植、养殖环节,通过智慧农业技术的应用,能够实现精准管理,提高农产品的产量与质量。同时,智慧农业还能有效减少资源浪费,降低生产成本,为品牌提供稳定且高质量的原材料供应。下游的加工、销售环节,则可以利用大数据分析、物联网技术等手段,优化库存管理、精准营销,提高销售效率,降低运营成本。这种上下游的紧密协作,确保了整个产业链的顺畅运行,实现了资源的最大化利用。产业链整合对于农产品品牌价值的提升具有显著作用,一方面,通过整合上下游资源,品牌能够形成完整的产业闭环,从源头到终端全面把控农产品质量与安全,增强消费者对品牌的信任感与忠诚度。另一方面,整合后的产业链能够产生协同效应,提高整体运营效率,降低成本,为品牌创造更大的利润空间。此外,品牌还可以通过整合产业链上下游的优质资源,开发新的产品线,拓展市场空间,进一步提升品牌价值与影响力。

(三) 消费者需求与品牌个性化发展

在智慧农业的发展浪潮下,密切关注消费者需求变化,以消费者为中心开展个性化品牌发展策略,成为农产品品牌提升市场竞争力的关键。大数据分析技术的运用,为农产品品牌深入了解消费者喜好和购买习惯提供了可能。品牌可以通过收集和分析消费者在网络平台上的浏览记录、购买行为、评价反馈等数据,挖掘出消费者的潜在需求和偏好。这些信息不仅能够帮助品牌精准定位目标客户群体,还能够指导品牌在产品设计和研发上更加贴近消费者需求。例如,根据大数据分析,品牌可以推出符合特定消费群体口味偏好、营养价值需求的农产品,从而在市场中获得更高的认可度和满意度。在个性化品牌发展策略中,定制化服务和互动营销成为提升消费者体验、增强品牌忠诚度的有效手段。定制化服务能够满足消费者对农产品个性化、差异化的需求。品牌可以根据消费者的具体需求,提供定制化的农产品包装、配送服务甚至种植指导,让消费者感受到品牌的用心与关怀。而互动营销则通过社交媒体、在线社区等平台,与消费者建立更加紧密的联系。品牌可以发起话题讨论、互动游戏、产品试用等活动,邀请消费者参与品牌故事的创作和传播,从而增强消费者对品牌的认同感和归属感。

第三节 智能化品牌营销策略的创新实践

一、智能化农产品品牌营销策略创新

（一）市场调研与消费者需求分析

通过对市场的深入调查,品牌能够准确把握消费者的需求特点、消费习惯及购买行为,这是制定有效品牌定位与营销策略的前提。市场调研不仅限于传统的问卷调查、访谈等方式,更需结合数字化工具,如社交媒体分析、在线行为追踪等,以获取更全面、多维度的消费者数据。这些数据揭示了消费者的偏好变化、购买动机及决策过程,为品牌提供了宝贵的市场洞察。在此基础上,大数据分析技术的运用成为挖掘潜在市场趋势的关键。品牌可以整合来自多个渠道的海量数据,如销售记录、用户评论、社交媒体互动等,运用先进的算法模型进行深度挖掘,揭示隐藏的消费趋势和新兴市场需求。这些洞察不仅有助于指导农产品的研发方向,确保农产品能够精准匹配消费者需求,还能为营销活动的创意策划提供科学依据,提升营销效果。

（二）产品定位与差异化策略

在智能化农产品品牌的产品定位上,深入挖掘自身特色并与消费者需求

紧密结合,是构建独特品牌形象的核心。品牌需明确自身的优势资源,如独特的种植环境、传统工艺、科技创新等,以此为基础,打造具有鲜明个性的产品,满足消费者对高品质、健康、绿色生活的追求。差异化策略的实施,体现在产品品质、包装设计、服务体验等多个维度。在产品品质上,品牌应追求极致,通过科学种植、精细管理,确保农产品的高营养价值和优良口感。包装设计则需兼顾美观与实用性,既能吸引消费者的目光,又能体现品牌的文化内涵。服务体验方面,品牌应提供便捷、贴心的服务,如快速配送、个性化定制等,增强消费者的购买意愿和忠诚度。在此基础上,智能化手段的运用成为实现产品与消费者精准匹配的关键。品牌可以利用大数据分析、人工智能等技术,对消费者需求进行精准预测,优化产品组合,调整营销策略,确保产品能够准确触达目标消费群体。同时,通过智能推荐系统,为消费者提供个性化的产品选择,提升购物体验,进而提高品牌的市场占有率。

(三)基于大数据的营销决策优化

通过对市场趋势、消费者行为、竞争对手动态等多维度数据的深入分析,大数据技术为品牌提供了精准的营销决策支持。这些数据不仅揭示了消费者的偏好变化,还预测了市场需求的未来走向,使品牌能够前瞻性地布局市场,抢占先机。同时,大数据技术在监测营销活动效果方面展现出巨大潜力。品牌可以实时追踪营销活动的各项关键指标,如点击率、转化率、用户参与度等,从而快速评估活动的成效。这一能力使得品牌能够及时调整营销策略,优化广告投放、内容创作等环节,确保营销活动始终高效、精准地触达目标消费者,有效降低营销成本,控制风险。在此基础上,大数据技术助力品牌不断优化营销决策。通过持续的数据收集与分析,品牌能够为未来的营销活动提供科学依据。这种基于数据的决策方式,不仅提升了品牌的市场响应速度,还增强了营销策略的灵活性和创新性,使品牌能够在激烈的市场竞争中保持领先地位,持续提升品牌竞争力。

二、智能化农产品品牌营销实践与探索

(一)农产品品牌形象塑造

深入挖掘农产品的地域特色、文化内涵和品质优势,是构建独特品牌形象的基础。通过提炼农产品产地的自然风光、历史传承与独特工艺,品牌能够展现出与众不同的魅力,吸引消费者的目光。结合现代审美与消费者需求,设计具有辨识度的品牌标识、包装和宣传物料,是提升品牌知名度和美誉度的关键。品牌标识应简洁明了,易于记忆,同时能够传达品牌的核心价值。包装设计需兼顾美观与实用性,既要吸引消费者的注意力,又要便于携带与保存。宣传物料则应注重创意与情感共鸣,通过生动的故事,让消费者在视觉与情感上产生共鸣,加深对品牌的印象。在品牌塑造的过程中,创新传播品牌故事同样重要。通过讲述农产品的种植历程、品牌创立背后的故事以及品牌所承载的文化理念,消费者能够在享受优质农产品的同时,感受到品牌背后的深厚文化底蕴。这种情感链接的建立,有助于增强消费者对品牌的忠诚度,促进口碑传播,为品牌的长远发展奠定坚实基础。

(二)营销渠道的拓展与整合

线上渠道方面,品牌积极进行线上商城、电商平台以及社交媒体等多维度布局。线上商城和电商平台为农产品提供了便捷的在线购买途径,使消费者能够轻松浏览、比较和购买心仪的产品。而社交媒体则成为品牌与消费者互动的重要平台,通过发布产品信息、分享种植故事、开展互动活动等方式,增强消费者对品牌的认知与情感连接。与此同时,线下渠道依然扮演着不可或缺的角色。品牌整合线下实体店、农贸市场、超市等传统渠道,构建全渠道营销网络,为消费者提供多样化的购物体验。线下渠道不仅能够满足消费者对农产品实物查看、现场品尝的需求,还能通过店面装饰、服务人员等因素,传递品牌的文化与价值观。此外,品牌还通过举办各类农产品展销会、品鉴会等活动,加强与相关行业和品牌的合作,这些活动不仅为品牌提供了展示自身特色的舞台,还促进了与其他品牌的资源共享,拓宽了市场渠道,提高了品牌的市

场占有率。

(三) 售后服务与客户关系管理

智能化农产品品牌营销的成功,不仅仅依赖于销售环节的高效运作,更在于售后服务与客户关系管理的深度布局。为了确保消费者在购买过程中的任何疑问或问题都能得到迅速响应与解决,建立一套完善的售后服务体系显得尤为重要。这包括但不限于在线客服的即时沟通、电话热线的全天候服务,以及售后跟踪服务的细致入微,每一环节都旨在为消费者提供贴心、专业的支持,增强其对品牌的信任与依赖。客户关系管理同样是智能化农产品品牌不可忽视的一环。通过先进的客户关系管理系统,品牌能够对消费者进行精准分类,基于其购买历史、偏好及反馈,定制化推送产品资讯与优惠活动,实现个性化营销。这种精准化的服务模式,不仅提升了信息的有效触达率,更在无形中增强了消费者的满意度与忠诚度,为品牌的长远发展积累了宝贵的客户资源。

第四节 品牌形象的维护与长期发展战略

一、农产品品牌形象的重要性与挑战

(一) 农产品品牌形象的价值

一个精心塑造的品牌形象,宛如农产品在市场竞争中的璀璨明珠,能够迅速抓住消费者的视线,成为产品脱颖而出的关键所在。品牌形象对于农产品而言,是提升其知名度和美誉度的有力武器。一个深入人心、广为人知的品牌形象,不仅能够迅速扩大产品的市场影响力,还能够通过消费者的口口相传,积累起良好的口碑。这种口碑效应,无疑会增强消费者对产品的信任感和忠诚度,使得产品能够在众多同类中脱颖而出,成为消费者的首选。同时,品牌形象也是农产品实现差异化竞争的重要手段。在市场竞争日益激烈的今天,同质化现象越发严重,产品之间的差异越来越难以察觉,而一个独特、鲜明的

品牌形象,能够突出产品的特色,使其在市场中独树一帜。通过精准的品牌定位和传播,农产品可以展现其独特的产品理念、文化内涵或生产优势,满足消费者日益多样化的需求,从而在激烈的市场竞争中占据一席之地。此外,良好的品牌形象还能够显著提升农产品的附加值。在消费者心中,品牌往往与高品质、高价值紧密相连。因此,一个具有影响力的品牌形象,能够为农产品带来更高的售价空间,使得企业和农民能够获得更为可观的经济效益。这种附加值的提升,不仅体现在直接的销售收入上,更体现在品牌所带来的长期市场优势、消费者忠诚度的提升以及品牌资产的积累上。

(二)农产品品牌形象面临的挑战

自然条件与地域特色对农产品生产过程的影响深远,导致产品品质的稳定成为一大难题。农产品的生长环境,包括气候、土壤、水源等,均对其口感、营养成分及外观产生直接影响。这种天然的差异,虽然赋予了农产品独特的地域风味,但也使得同一品牌下的产品在不同批次间可能存在品质波动,这无疑增加了品牌形象塑造的难度。如何在保持产品独特性的同时,确保品质的稳定与一致性,成为农产品品牌建设的重要课题。农产品市场的竞争态势同样激烈,部分企业为了迅速扩大市场份额,采取了低价竞争、虚假宣传等短期行为。这些不正当的竞争手段,不仅扰乱了市场秩序,更严重损害了整个农产品行业的品牌形象。消费者对农产品的信任度因此下降,对品牌的忠诚度也受到影响。一个健康的品牌形象,需要建立在诚信与品质的基础上,而这些短期行为无疑是对这一基础的侵蚀。此外,农产品品牌建设还面临着消费者认知度低的问题。相较于其他消费品,农产品在品牌塑造与传播上的投入相对较少,导致消费者对农产品的品牌认知普遍较低。品牌传播渠道的有限性,也使得农产品难以在短时间内形成广泛的品牌影响力。消费者在选择农产品时,往往更多地依赖于价格、外观等传统因素,而非品牌所带来的附加值。这种情况,不仅限制了农产品品牌的发展空间,也阻碍了农产品行业的整体升级。

(三)品牌形象对农产品市场竞争力的影响

品牌形象的正面效应不仅体现在提升消费者的购买意愿上,还深刻影响着农产品在市场上的整体表现与长远发展。良好的品牌形象如同农产品的金字招牌,能够极大地激发消费者的购买热情。在琳琅满目的商品中,一个被广大消费者认可的品牌,往往能迅速抓住消费者的目光,促使其在众多选择中倾向于该品牌。这种品牌效应不仅促进了销量的提升,还使农产品在市场上占据了较高的市场份额,为企业的长期发展奠定了坚实基础。此外,品牌形象在农产品的渠道拓展与合作伙伴选择上也发挥着重要作用。一个享有盛誉的品牌,更容易吸引优质的渠道商和合作伙伴。这不仅拓宽了农产品的销售渠道,还提升了产品的分销效率,进一步巩固了其在市场中的领先地位。同时,品牌形象的塑造还有助于建立稳定的合作关系,为农产品的持续销售提供了有力保障。更重要的是,品牌形象在农产品应对市场风险、抵御竞争压力方面展现出了强大的韧性。在市场竞争日益激烈的背景下,一个具有影响力的品牌,往往能够凭借其在消费者心中的良好形象,有效缓解市场波动带来的负面影响。同时,品牌形象的塑造还提升了农产品的市场竞争力,使其在面对竞争对手时更加从容不迫。

二、农产品品牌形象维护策略

(一)品牌定位与核心价值提炼

品牌定位,简而言之,就是确定品牌在目标市场中的独特位置,这一位置需精准捕捉并满足消费者的特定需求与期望。对于农产品而言,其天然、健康、绿色的特性是其品牌定位的宝贵资源。品牌应围绕这些特点,构建与消费者健康、自然生活方式相契合的品牌形象,从而在竞争激烈的市场中脱颖而出。核心价值提炼,则是深入挖掘农产品背后所蕴含的品质、文化、历史等独特元素,将其转化为品牌竞争力的核心源泉。农产品往往承载着丰富的地域文化与历史传承,如产地的独特风土人情、传统的种植工艺、生态环保的种植理念等,这些都是品牌故事的重要组成部分,也是与消费者建立情感链接的关键。通过提炼这些核心价值,品牌不仅能够展现其产品的独特魅力,还能在消费者心中树立起积极、正面的品牌形象,增强品牌认同感与信任度。例如,强调农产品的产地特色,可以突出其得天独厚的自然环境与生长条件,让消费者感受到每一颗果实、每一粒谷物都蕴含着大自然的馈赠;传统工艺的展示,则能让消费者了解到农产品背后的匠心与传承,感受到品牌对于品质与文化的尊重;生态种植的倡导,则体现了品牌对于环保与健康的承诺,与当前消费者日益增长的绿色消费趋势相契合。

(二)品牌视觉识别系统的构建与优化

品牌视觉识别系统,作为品牌形象塑造的关键一环,由品牌标志、标准字、色彩、图案等一系列视觉元素构成,共同构建了一个品牌的独特视觉形象。对于农产品而言,一个精心设计与优化的品牌视觉识别系统,无疑能够极大地提升其在消费者心中的地位。在设计品牌视觉识别系统时,简洁明了、易于识别和记忆是至关重要的。农产品品牌往往与大自然的馈赠、健康、绿色等理念紧密相通,因此,其视觉元素应充分反映这些特质。一个清晰、直观的品牌标志,不仅能够迅速抓住消费者的眼球,还能在消费者心中留下深刻印象。同时,标准字的选择和色彩的搭配也应遵循这一原则,确保品牌视觉形象的统一性和辨识度。文化内涵的融入,则是品牌视觉识别系统独特性的体现。农产品品牌往往承载着丰富的地域文化、民俗风情或生产理念。将这些元素巧妙地融入品牌视觉识别系统中,不仅能够提升品牌的文化内涵,还能使品牌在众多竞争者中脱颖而出。通过视觉元素的传达,消费者能够感受到品牌背后的故事和情感,从而与品牌建立起更加深厚的联系。此外,品牌视觉识别系统并非一成不变。随着市场需求的不断变化和消费者喜好的日益多样化,品牌视觉识别系统也需要不断优化和升级,包括调整色彩搭配、更新图案元素、优化品牌标志等。

(三)品牌传播策略与渠道选择

品牌传播对于提升农产品的知名度、美誉度及忠诚度至关重要,它关乎品牌能否在消费者心中留下深刻印象,并建立稳固的情感联结。鉴于农产品的独特性,品牌传播策略须紧密结合产品特点,灵活运用多元化的传播手段,以全方位、多层次地展现品牌魅力。

第一,线上线下的广告。线上广告,如搜索引擎优化、社交媒体广告、视频平台植入等,能够迅速触达大量潜在消费者,提升品牌曝光度。线下广告,如户外广告、展会展示、实体店促销等,则通过直观的视觉体验,加深消费者对品牌的记忆与理解。

第二,公关活动。通过组织新品发布会、品鉴会、农业文化节等活动,品牌不仅能够直接与目标消费者互动,还能借助媒体的力量扩大品牌影响力。这些活动不仅能够展示农产品的品质与特色,还能传递品牌的文化与价值观,增强消费者对品牌的认同感。

第三,口碑营销。优质的农产品与贴心的服务能够激发消费者的正面评价,形成口碑效应。品牌应鼓励消费者分享使用体验,通过好评奖励、社交媒体互动等方式,促进口碑传播,形成良性循环。

第四,新媒体与社交平台的兴起,为品牌传播提供了新的契机。品牌应善于利用这些渠道,通过内容营销、直播带货、KOL 合作等方式,扩大品牌影响力。在选择传播渠道时,品牌需深入了解目标消费者的特点,如年龄、兴趣、消费习惯等,有针对性地进行投放,以提高传播效果,确保每一分投入都能转化为品牌价值。

(四)品牌口碑管理与危机应对

良好的口碑是消费者信任与忠诚的源泉,对于品牌的长期发展具有深远影响,因此,品牌口碑管理成为农业企业不可忽视的重要任务。在口碑管理中,产品质量是基石。企业应致力于建立健全的产品质量管理体系,从源头把控,确保农产品从种植、采摘到加工、包装的每一个环节都符合高标准、严要求。通过科学种植、绿色防控、严格质检等措施,为消费者提供安全、健康、优质的农产品。同时,优质的服务也是提升口碑的关键。企业应注重提升服务水平,为消费者提供贴心、周到的购物体验,增强消费者的满意度和忠诚度。面对可能出现的负面事件,企业应制定完善的应急预案。一旦发生危机,要迅速、果断地采取行动,及时公开信息,澄清事实,降低品牌形象受损的风险。在处理过程中,企业应保持冷静、理性,避免过度反应或隐瞒事实,以免引发更大的信任危机。同时,企业应加强与消费者的沟通,积极回应消费者的质疑和关切,通过真诚、透明的沟通,化解信任危机,重塑品牌形象。此外,企业还应注重口碑的传播与维护。通过社交媒体、线上平台等渠道,积极传播正面信息,展示品牌实力与优势。同时,鼓励消费者分享使用体验,形成口碑传播的良性循环。

第八章　智慧生态农业促进农产品市场对接机制优化

第一节　市场对接的现状问题与智慧解决方案

一、农产品市场对接现状分析

(一)农产品市场对接的基本概念与流程

农产品市场对接,是指农产品从生产者手中顺利转移至消费者手中的整个流程,这不仅仅是产品的物理移动,更涉及信息流、物流以及资金流的紧密整合与高效运作。在生产环节,农民通过种植、养殖等农业生产活动,将自然资源转化为可供消费的农产品。这一环节是农产品市场的起点,决定了农产品的种类、数量和质量。随后进入流通环节,农产品的收购、仓储、运输和销售等活动依次展开。收购者从生产者处收集农产品,经过仓储管理,确保农产品在运输过程中的新鲜度和安全性。物流体系负责将农产品快速、准确地送达销售点,如超市、农贸市场等。销售环节则是农产品与消费者直接接触的界面,通过有效的销售策略,满足消费者的需求,促进农产品的销售。最终,农产品到达消费环节,消费者购买并食用这些农产品,完成整个市场的对接过程。消费环节不仅体现了农产品的价值,还通过消费者的反馈,为生产环节提供市场信息,指导农产品的种植和养殖方向。

(二)农产品市场对接的主要问题

1. 供需信息不对称

在农产品市场中,生产者与消费者之间的信息传递不畅,常常成为制约市

第八章　智慧生态农业促进农产品市场对接机制优化

场高效运行的关键因素,这种信息不对称导致供需两端难以精准对接,进而影响了农产品的销售和价格稳定。生产者方面,由于缺乏有效的市场信息获取渠道,往往难以准确了解市场需求的变化。这可能导致生产决策失误,如盲目扩大种植规模或选择不符合市场需求的品种,最终造成农产品积压或滞销,经济损失严重。消费者方面,同样面临着信息不对称的困扰。在琳琅满目的农产品中,消费者往往难以快速识别出真正优质、安全的产品。部分不良商家利用这一点,以次充好,损害了消费者的权益,也影响了消费者对农产品市场的信任度。此外,信息传递的障碍还加剧了农产品价格的波动。当生产者无法及时获取市场需求信息时,可能会因误判形势而调整价格,导致市场价格波动过大,不利于市场的稳定发展。同样,消费者若不能获取准确的农产品信息,也可能因对价格的误判而做出不合理的购买决策,进一步影响市场的供需平衡。

2. 市场流通环节不畅

农产品流通作为连接生产与消费的桥梁,涵盖了收购、仓储、运输等多个关键环节,然而,当前国内农产品流通环节面临着一系列挑战。收购环节作为农产品流通的起始点,常常因为信息不畅或市场预测能力不足,导致农产品供需不匹配,影响后续流通效率。同时,仓储设施的不完善也是一个显著问题。许多地方的农产品仓库设备落后,温湿度控制不力,造成农产品在储存期间损耗严重,降低了产品的品质和市场价值。在运输环节,农产品面临着更为复杂的挑战。物流网络的不健全,特别是冷链物流的缺失,使得农产品在长途运输中极易变质。加之运输车辆和设备的老化,运输效率难以提升,进一步加剧了农产品的损耗。这不仅增加了农产品的成本,还影响了最终到达消费者手中的产品质量。此外,农产品流通环节的信息管理也亟待加强。从生产到消费的全链条信息追踪系统尚未普及,导致农产品在流通中的每一个环节都可能出现信息断裂,影响了对市场需求的快速响应和调节能力。

3. 农产品质量安全追溯难度大

农产品质量安全是消费者健康的重要保障,但在当前的市场环境中,由于农产品生产、流通、销售等环节的信息不透明,使得农产品的质量追溯变得异常困难。在农产品生产环节,生产者所使用的种子、农药、化肥等投入品的信息往往难以被外界准确了解。这种信息的不对称,不仅增加了农产品的安全风险,也使得消费者在购买时难以判断农产品的品质与安全性。农产品在流通环节同样面临着信息不透明的问题。农产品在从产地到餐桌的流通过程中,经过多次转运和加工,每个环节都可能对农产品的质量产生影响。然而,由于信息追溯系统的缺失,消费者往往无法准确了解农产品在流通过程中的具体情况,这无疑增加了农产品的安全隐患。销售环节作为农产品与消费者直接接触的一环,信息的不透明同样不容忽视。部分商家为了谋取更高的利润,可能会采取不正当手段,如掺杂使假、以次充好等,进一步损害消费者的权益。

4. 农民收益偏低

在现有的农产品市场对接模式中,农民往往处于较为弱势的地位,其收益普遍偏低。其主要原因是农产品市场价格波动较大,农民在缺乏有效市场信息指导的情况下,难以准确把握市场供需变化,从而难以制定出合理的生产和销售策略。这种信息不对称导致农民在定价上缺乏话语权,往往被动接受市场价格,难以获得应有的利润。农产品流通环节的成本高企,也是压缩农民利润空间的重要因素。从农产品收购到仓储、运输,再到最终的销售,每一个环节都需要投入大量的资源和成本。而这些成本最终会转嫁到农产品上,使得农产品价格上升,降低了农民的收益。特别是在仓储和运输环节,由于设施落后、技术不完善等原因,农产品损耗严重,进一步加大了流通成本。此外,农民在生产过程中往往缺乏足够的资金和技术支持,导致其生产效率低下,农产品质量参差不齐。这不仅影响了农产品的市场竞争力,也限制了农民通过提高生产效率和产品质量来增加收益的可能性。

二、智慧解决方案探讨

(一)信息技术在农产品市场对接中的应用

通过对历史数据的深度挖掘与分析,大数据与人工智能技术能够精准预测未来农产品的供需趋势,为农民和商家提供科学的决策依据。在供给端,农民可以根据预测结果调整种植结构,优化资源配置,避免盲目生产导致的市场失衡。在需求端,商家能提前洞察市场动向,合理安排库存,确保农产品供应的稳定性和及时性。此外,人工智能算法还能实现农产品的个性化推荐,通过分析消费者的购买行为和偏好,精准匹配其需求,提高市场对接的精准度和消费者的满意度。区块链技术在农产品追溯体系中的应用,则为农产品质量安全管理带来了革命性的变化。借助区块链技术,农产品的生产、加工、运输等各个环节的信息都能被准确记录,并实现从田间到餐桌的全程追溯。这种透明化的管理方式,不仅有效防止了假冒伪劣产品的流通,还显著提高了消费者对农产品的信任度和满意度。

(二)智慧农业发展趋势与农产品市场对接

智慧农业生产模式通过应用物联网、大数据、人工智能等先进技术,实现了对农业生产全过程的精准管理和控制,显著提高了农业生产效率。在此基础上,农产品市场对接变得更加高效和便捷。智慧农业不仅能够实时监测农产品的生长状态,预测产量和质量,还能够根据市场需求调整生产计划,确保农产品供给与需求的精准匹配。这种精准对接减少了农产品在市场上的滞留时间,降低了损耗,提高了农产品的市场竞争力。农业电商平台的发展,为农产品销售开辟了新的渠道。通过电商平台,农产品可以跨越地域限制,直接面向更广泛的消费者群体。这不仅拓宽了农产品市场对接的范围,还使得农产品销售更加透明和公平,农民能够直接获取市场信息,根据需求调整销售策略,提高收益。同时,农村互联网基础设施的完善,为农产品市场对接的均衡发展提供了有力支撑。互联网技术的普及,缩小了城乡之间的数字鸿沟,使得农民能够更加方便地获取市场信息和技术支持,提高了他们的生产能力和市场竞争力。这不仅促进了农产品的流通和销售,还推动了农村经济的整体发展。

(三)智慧解决方案的实施策略

加大对农业信息技术的研发投入,能够推动技术不断突破,为农产品市场的智慧化发展提供坚实支撑。这包括大数据分析、人工智能、区块链以及物联网等前沿技术在农业领域的深度应用,旨在提高农产品市场的预测准确性、供需匹配度和质量追溯能力。农业产业链各环节的协同是实现高效市场对接的基础。通过整合产业链上下游资源,优化产业链结构,可以有效减少中间环节,降低交易成本,提高农产品从生产到消费的效率。这要求产业链上的企业、合作社和农户等主体加强合作,共享信息,协同作业,形成紧密的利益共同体。加强农民培训与引导农民积极参与是提升智慧农业发展水平的重要一环。通过系统的培训,使农民掌握现代信息技术,提高他们参与农产品市场对接的能力,是提升农民收入和增强农民获得感的有效途径。培训内容包括但不限于信息技术应用、农产品电子商务、智慧农业管理等,旨在帮助农民适应市场变化,把握发展机遇,实现自身收益的增长。

第二节　智能分析与预测在市场信息中的应用

一、智能分析与预测技术概述

(一)智能分析与预测的基本概念

智能分析与预测作为一种前沿的数据分析技术,凭借其强大的数据处理能力,正逐步成为各行各业不可或缺的工具。它运用高精度的算法和复杂的模型框架,对海量数据进行深度挖掘与高效处理,旨在揭示数据背后隐藏的规律和趋势。这种技术的核心优势在于能够从历史数据中学习并提取有价值的信息,进而对未来的情况做出精准预测。在农产品市场信息分析领域,智能分析与预测技术的应用尤为关键。农产品市场受到多种因素的影响,包括气候条件、种植技术、市场需求波动等,这些因素使得市场变化复杂且难以预测。然而,通过智能分析与预测技术,可以整合并分析历年来的市场数据、气象资料、种植成本及消费者偏好等信息,从而识别出影响农产品价格和市场需求的关键因素。在此基础上,该技术能够构建预测模型,对市场未来走势进行预判。这不仅能够为农业生产者提供及时准确的市场信息,帮助他们合理安排种植计划,避免盲目生产导致的资源浪费,还能为农产品流通环节的参与者,如批发商、零售商等,提供有效的市场策略建议,助力他们做出更加明智的商业决策。

(二)常用智能分析与预测方法

1. 机器学习算法

在农产品市场信息分析中,机器学习算法的应用尤为突出,为农业生产者、市场分析师以及消费者提供了精准的数据洞察。农产品市场价格预测是机器学习算法的一个重要应用场景。通过对历史价格数据、产量数据、气候数据等多种数据的综合分析,机器学习算法能够捕捉到价格波动的规律和趋势,从而建立准确的预测模型。这种预测能力对农业生产者至关重要,可以帮助他们合理安排种植计划,避免价格风险,提高经济效益。此外,机器学习算法还能够在供需平衡分析中发挥重要作用。通过分析农产品的市场需求、供应量以及库存量等数据,机器学习算法能够预测未来的供需状况,为市场分析师提供科学的决策依据。这种分析有助于优化资源配置,确保市场的平稳运行,同时也有利于消费者获取更加稳定、合理的农产品价格。在常见的机器学习算法中,线性回归算法通过拟合数据的线性关系来预测目标值,适用于趋势明显的预测场景;支持向量机(SVM)擅长处理分类和回归问题,尤其在处理非线性数据时表现出色;决策树和随机森林算法则通过构建树状结构来模拟决策过程,能够捕捉数据中的复杂关系,提高预测的准确性。

2. 数据挖掘技术

数据挖掘技术作为一种强大的工具,能够从庞大的数据集中揭示出隐藏的规律和关联性,为多个领域带来深刻的洞察。在农产品市场信息分析中,这一技术的运用尤为关键,它有助于深入探索价格、供需、品质等核心指标之间的复杂联系。通过关联规则挖掘,数据挖掘技术可以识别出农产品市场中不同因素之间的潜在联系。例如,它可以发现特定气候条件下某种农产品的产量变化,或者消费者偏好的转变如何影响农产品的市场需求。这种关联性的揭示,为决策者提供了理解市场动态的新视角。聚类分析是另一种重要的数据挖掘技术,它能够将具有相似特征的农产品或市场行为归为一类,从而帮助识别市场中的不同细分群体。这种分类有助于更精准地定位市场需求,为农产品生产者提供差异化的生产策略建议。时间序列分析则专注于捕捉数据随时间变化的趋势和周期性规律。在农产品市场中,这一技术能够预测未来一段时间内的价格走势、供需平衡状态等,为决策者提供前瞻性的市场洞察。

3. 深度学习模型

深度学习模型作为人工智能领域的一项重要技术革新,其核心在于构建具有多个层次结构的神经网络,这些网络能够自动学习和提取数据中的高级特征,从而实现对复杂数据的有效分析和精确预测。在农产品市场信息分析中,深度学习模型的应用为农业生产、市场运营以及消费者行为研究开辟了新的视角。在农产品价格预测方面,深度学习模型能够综合历史价格数据、市场趋势、季节性因素以及突发事件等多种信息,通过训练神经网络来捕捉价格变动的内在规律,实现精准的价格预测。这不仅有助于农业生产者合理安排生产和销售计划,还能为消费者提供价格参考,促进市场的健康发展。深度学习模型通过处理和分析市场需求、供应量、库存量以及销售渠道等多项数据,能够预测未来的供需状况,为农业生产者和市场运营者提供科学的决策依据。这有助于优化资源配置,提高市场效率,确保农产品的稳定供应。品质评价方面,深度学习模型同样展现出强大的应用能力。

二、农产品市场信息分析

(一)农产品市场信息的特点与需求

农产品市场信息呈现出鲜明的区域性、季节性、多变性和复杂性特征,这些特性使得农产品市场的动态难以捉摸。价格的波动作为市场最直接的反应,不仅深刻影响着农民的经济收益,也紧密关联着消费者的生活成本。因此,获取准确且及时的农产品市场信息,对于维护市场稳定、保障各方利益具有重大意义。农产品市场信息的需求广泛且多样,农业生产企业、农产品经销商以及广大消费者都是这一信息的重要需求方。对于农业生产企业而言,信息的全面性至关重要,它有助于企业把握市场动态,优化生产布局;农产品经销商更加关注信息的准确性和时效性,以便及时调整销售策略,捕捉市场机遇;消费者则期望通过简捷易用的信息渠道,获取与自己生活密切相关的农产品价格和质量信息。为满足这些多元化的需求,农产品市场信息必须具备全面性,覆盖生产、流通、消费等各个环节;信息的准确性是基础,任何误导性的数据都可能对市场造成不良影响;时效性要求信息更新迅速,能够紧跟市场变化;易用性则意味着信息的呈现方式应便于理解和使用,确保各类用户都能从中受益。

(二)农产品市场信息采集与处理

1. 信息采集方法

农产品市场信息的采集主要通过以下几种方式进行:现场调查是农产品市场信息采集的传统且基础的方法。它依赖专业人员深入农产品市场一线,通过面对面的访谈、问卷调查等手段,直接收集来自生产者、销售者以及消费者的第一手信息。这种方法能够确保信息的真实性和深度,为市场分析提供翔实的数据支持。随着互联网的普及,网络爬虫技术成为农产品市场信息采集的新途径。网络爬虫能够自动搜索农产品交易网站、农业资讯网站等互联网平台,从中抓取相关的市场数据、价格信息、行业动态等。这种技术具有高效、便捷的特点,能够实时反映市场动态,为决策者提供及时的信息支持。遥感技术在农产品市场信息采集中也发挥着重要作用,通过卫星或无人机等遥感设备,可以远距离获取农产品的种植面积、生长状况、产量预测等信息。

2. 数据预处理技术

农产品市场信息在采集过程中,常会遇到数据缺失、异常值以及重复数据等问题,这些问题如不进行妥善处理,将严重影响后续的数据分析和预测结果。因此,数据预处理成为一个不可或缺的环节,它旨在提升数据质量,为后续的智能分析与预测打下坚实基础。数据清洗是数据预处理的首要步骤,其核心在于识别和纠正数据中的错误和噪声。这包括填补缺失值,以确保数据的完整性;识别并剔除或修正异常值,以避免其对整体数据分析产生误导;删除重复数据,以减少冗余信息对分析结果的干扰。通过这些措施,数据清洗能够显著提升数据的准确性和可靠性。数据整合紧随其后,它将来自不同渠道或系统的数据合并成一个统一的数据集。这一步骤的关键在于确保数据的一致性和可比性,通过定义共同的数据标准和格式,实现跨源数据的无缝对接,为后续分析提供全面而丰富的信息基础。

(三)农产品市场信息分析的关键指标

1. 价格分析

对农产品价格数据的深入分析,能够揭示出价格的波动规律与内在机制,为农业生产企业、经销商及市场参与者提供重要的决策参考。通过对历史价格数据的梳理,可以描绘出农产品价格的长期走势,识别出价格的高峰与低谷,以及价格变动的周期性特征。这有助于市场参与者把握价格变动的大致方向,为未来的经营决策提供方向性指导。农产品价格的波动往往受到多种因素的影响,包括天气条件、产量变化、市场需求、物流成本等。通过细致的分析,可以揭示出这些因素如何共同作用,导致农产品价格的波动。这有助于市场参与者更好地理解市场动态,制定灵活的应对策略。价格预测则是基于历史数据与市场趋势,对未来农产品价格进行预判的过程。通过运用先进的预测模型和技术手段,可以对农产品价格的未来走势进行较为准确的预测。这有助于农业生产企业和经销商提前调整生产计划、库存管理和销售策略,以应对可能的市场变化。

2. 供需分析

供需分析,作为理解这一动态过程的关键,涵盖了供给量、需求量、库存量以及进出口量等多个方面的数据。供给量,即市场上农产品的总供应量,受到种植面积、产量、生产周期等多种因素的影响。需求量,反映了消费者对农产品的总体需求,它受到人口增长、消费习惯变化、季节性需求波动等多种因素的共同作用。库存量,作为供需之间的缓冲,其水平的高低直接影响着市场的供需平衡状态。进出口量,反映了国内外市场对农产品的需求差异,以及国际贸易政策对农产品市场的影响。通过对这些供需数据的深入分析,可以揭示出农产品市场的供需状况,包括是否存在供需缺口、供需是否平衡,以及未来可能的供需趋势等。这些信息对于市场参与者而言至关重要,它们不仅有助于农业生产者合理安排生产计划,避免生产过剩或不足导致的经济损失,也为农产品经销商提供了制定销售策略、调整库存水平的依据。此外,对于消费者而言,了解供需状况也有助于他们做出更加理性的购买决策。

3. 品质分析

农产品品质是确保消费者健康与满意度的重要因素,其分析涵盖质量标准设定、质量检测实施以及品质评价等多项内容。农产品质量标准是品质分析的基础,定义了农产品应达到的各项指标,包括外观、口感、营养成分、农药残留量等。这些标准不仅为消费者提供了选择农产品的依据,也为生产者提供了生产指导,确保农产品符合市场与消费者的期望。质量检测是验证农产品是否达到质量标准的关键环节。通过专业的检测设备和方法,对农产品的各项品质指标进行准确检测,及时发现并剔除不合格产品。这一步骤对于保障农产品质量安全至关重要,能够有效预防食品安全事件的发生。品质评价不仅关注农产品的物理和化学特性,还考虑消费者的主观感受,如口感、风味等。通过品质评价,可以了解农产品在市场中的竞争力,为生产者提供改进产品、提升品质的方向。

第三节 服务创新与模式探索的实践分析

一、基于互联网的服务创新模式

(一)电商平台在农产品市场中的应用

在互联网技术飞速发展的浪潮中,电商平台极大地打破了地理界线,为农产品开辟了更为广阔的销售路径。通过电商渠道的搭建,原本局限于地方市场的农产品能够轻松触达全国乃至全球消费者,显著提升其市场渗透率与竞争力。对于农民而言,电商平台不仅是一个展示和销售自家农产品的窗口,更是降低销售成本、优化流通体系的有效途径。将农产品直接上架至电商平台,意味着减少了中间商的参与,简化了传统销售链中的烦琐环节,加快了农产品从田间到餐桌的速度,提高了流通效率。这不仅缩短了农产品的新鲜周期,还确保了消费者能够享受到更加优质、新鲜的农产品。更重要的是,电商平台利用大数据分析消费者偏好与需求趋势,为农业生产者提供了宝贵的市场数据。通过对海量数据的挖掘与分析,电商平台能够精准描绘出消费者的需求画像,为农民在种植作物选择、养殖品种规划等方面提供科学依据。这种基于数据的指导,有助于农民更加精准地定位市场,合理调整生产结构,避免盲目种植或养殖导致的资源浪费与市场风险,促进了农产品市场的健康发展与转型升级。

(二)社交媒体在农产品市场推广中的作用

社交媒体作为农产品市场推广的新兴渠道,农民与农产品企业应充分利用这一平台,发布详尽且吸引人的农产品信息,包括种植或养殖方法、营养成分、口感特色等,有效提升农产品的品牌知名度。这些直观且丰富的信息,让潜在消费者能够迅速捕捉到产品的亮点,激发购买兴趣。社交媒体的互动性是其另一大优势,通过直播、短视频等形式,消费者可以实时观看农产品的生长环境、采摘过程或加工细节,这种透明化的展示方式极大地增强了消费者对农产品的信任感。消费者不是被动接受产品信息,而是成为产品故事的见证者,这种参与感和亲近感促使他们更愿意为产品买单。此外,社交媒体的口碑传播效应为农产品市场推广提供了强大的助力。满意的消费者会在平台上分享自己的购买体验和食用感受,这些正面评价如同涟漪般扩散开来,吸引更多潜在客户的关注。

(三)大数据分析在农产品市场预测中的应用

通过对庞大而复杂的数据集进行深度挖掘与精细分析,使农产品市场的供需变化趋势得以被更为精确的捕捉。这一能力为农民及农业企业提供了宝贵的决策支持,使他们能够基于数据合理规划生产计划,有效应对市场波动。在农产品市场,大数据分析的应用不仅限于供需预测。它还能深入挖掘消费者偏好,揭示不同消费群体对农产品的具体需求,如口感、营养价值、包装风格等。这些详尽的消费者画像,为农产品市场的参与者提供了调整种植、养殖结构的明确方向。农民和农业企业可以据此优化产品结构,减少不必要的生产浪费,确保农产品供给更加贴近市场需求,提升市场竞争力。大数据分析还能够预测农产品市场的未来趋势,如新兴消费热点、季节性需求变化等,为农产品市场的长期规划提供科学依据。这种基于数据的决策方式,有助于农业产业链上下游的紧密协作,促进农产品市场的健康稳定发展。

二、基于供应链的服务创新模式

(一)农产品供应链的优化与整合

构建农产品供应链协同平台,能够实现供应商、生产商、销售商等供应链各节点的信息共享,这有助于打破信息孤岛,确保各方实时掌握市场动态与库存情况,从而做出更为精准的决策。信息共享还促进了供应链各环节的紧密协作,提高了整体协同效率,减少了因信息不对称导致的资源浪费与效率低下。在此基础上,引入先进的物流技术和管理手段,如冷链物流体系,对于保持农产品的新鲜度与品质至关重要。冷链物流通过控制温度、湿度等环境因素,有效延长了农产品的保鲜期,降低了损耗率,确保了从田间到餐桌的每一个环节都能保持产品的高品质。同时,智能仓储系统的应用,通过自动化、智能化技术,实现了库存管理的精准化与高效化,减少了人工错误,提高了库存周转率,进一步提升了供应链运营效率。这些技术与手段的结合,不仅加速了农产品的流通速度,缩短了从产地到消费者的距离,还通过优化资源配置,降低了运营成本,增强了供应链的韧性与竞争力。

(二)农产品物流配送模式的创新

结合线上销售平台与线下实体渠道,打造多元化的物流配送体系,能够有效响应消费者的多样化需求。例如,社区自提点的设立,既方便了消费者根据自身时间安排灵活取货,又减轻了物流"最后一公里"的配送压力。同城配送服务的推出,进一步缩短了农产品从产地到餐桌的距离,在确保新鲜度与品质的同时,也提升了配送效率。在技术创新方面,物联网技术的运用为农产品物流配送带来了革命性变化。通过物联网技术,农产品的仓储、运输过程实现了全程可视化监控,有效保障了农产品的安全与品质。此外,无人机配送等新兴技术的应用,更是开辟了农产品物流配送的新路径。无人机配送不仅能够在复杂地形中快速完成配送任务,减少了对地面交通的依赖,还显著降低了物流成本,提高了配送效率。

(三)农产品质量安全追溯体系的构建

农产品质量安全追溯体系通过集成物联网、区块链等前沿技术,为农产品的生产、加工、销售等环节提供了可靠的信息追溯能力。在生产阶段,物联网技术能够实时监测土壤湿度、温度、光照等关键环境因素,确保农产品在适宜条件下生长,同时记录生长周期中的各项数据,为后续追溯提供基础信息。进入加工环节,区块链技术的不可篡改性确保了每一步加工过程的数据真实可靠,无论是原材料来源、添加剂使用情况,还是加工工艺参数,都能被准确记录并追溯。销售阶段,消费者只需扫描产品上的追溯码,即可轻松获取农产品的全生命周期信息,从而极大增强了产品的透明度与可信度。此外,农产品质量安全追溯体系还对市场监管起到了积极的促进作用,不仅为监管部门提供了强大的数据支持,便于及时发现并处理潜在的食品安全问题,还促使农产品生产、加工及销售企业自觉遵守质量标准,维护市场秩序,避免了劣质产品扰乱市场,保护了企业的合法权益。

三、基于农村合作社的服务创新模式

(一)农村合作社在农产品市场服务中的作用

农村合作社,作为农民自发形成的互助性组织,在农产品市场服务领域内展现出了极大的重要性。合作社的核心功能在于整合农民个体的资源,包括但不限于土地、劳动力、资金和技术,通过这种整合,极大地提升了农产品在生产、加工以及销售环节的组织性和协调性。高度的组织化不仅促使农产品质量得到统一管理和提升,还有效降低了因信息不对称和分散经营所带来的市场风险,使得农民能够更加稳健地面对市场波动。合作社还扮演着农民利益代言人的角色,利用其集体谈判的优势,在与市场中的供应商、采购商以及其他相关方进行交涉时,能够争取到更加公平合理的交易条件。这不仅体现在价格谈判上,也涵盖了对农产品质量标准的制定与维护,确保了农民在市场交易中的正当权益不受侵害。合作社还通过强化内部成员的紧密合作,促进了知识和技能的共享,使得农民在农产品生产、加工和营销等方面的能力得到持

续提升。

(二)农村合作社提升农产品市场竞争力的途径

通过组织技术培训,合作社为农民提供了掌握现代农业技术和管理知识的机会,这不仅提高了农产品的产量和质量,还增强了农民的市场适应能力。品牌建设是合作社提升农产品价值的另一关键策略,通过统一包装、标准化生产以及市场推广,合作社能够塑造出具有辨识度和美誉度的农产品品牌,从而吸引更多消费者的关注与信赖。在市场拓展方面,合作社积极对接外部市场,拓宽销售渠道,包括与大型超市、电商平台建立合作关系,参加农产品博览会等,这些举措有效扩大了农产品的市场覆盖范围,提升了销售量和市场份额。此外,合作社还致力于引导农民发展特色农产品,利用当地自然资源优势,开发具有地域特色的农产品,如有机蔬菜、特色水果等。

(三)农村合作社与农民利益联结机制的完善

完善农村合作社与农民之间的利益联结机制,是确保农民权益得到充分保障、推动农产品市场服务持续创新的核心环节。它的关键在于构建一个公平合理的分配制度,这一制度需要确保农民能够基于其投入的资源与劳动,在农产品增值收益中获得应有的回报。这不仅包括直接的农产品销售收入,还应涵盖合作社通过品牌建设、市场拓展等增值服务所获得的额外收益。合理的分配机制能够有效激发农民参与合作社的热情与积极性,促进合作社与农民之间形成更加紧密、稳固的合作关系。同时,加强合作社的内部治理同样至关重要。通过建立健全的合作社管理机制,包括决策程序、监督机制以及财务管理等,可以显著提升合作社的运营效率和服务质量。合作社应致力于提高服务水平,为农民提供更加全面、专业的市场服务,包括但不限于市场信息分析、技术指导、销售渠道拓展等,以帮助农民更好地适应市场需求,提升其农产品的市场竞争力。

第四节　市场对接机制优化的路径与策略

一、农产品市场对接机制优化的路径

(一)技术创新的作用

借助互联网、大数据与云计算等前沿科技,农产品从生产到流通再到销售的每一个环节,都能够实现更为精细化的管理。互联网技术的应用,不仅拓宽了农产品的销售渠道,还使得市场信息能够迅速传递,为生产决策提供及时的数据支持。大数据与云计算的深度融合,为农产品市场带来了前所未有的数据洞察能力。通过对海量数据的分析,可以精准预测市场需求,优化生产计划,减少资源浪费。同时,大数据还能够指导农产品营销策略的制定,提升市场竞争力。物联网技术的引入,更是为农产品质量控制开辟了新途径。通过传感器等设备,物联网能够实时监控农产品的种植、养殖环境,确保农产品在最适宜的条件下生长,从而大幅提升其品质与安全性。此外,技术创新还推动了农产品供应链的智能化发展。借助物联网、区块链等技术,供应链上的各个环节都能够实现信息的实时共享与透明化,有效降低了交易成本,提高了市场对接效率。这种智能化的供应链模式,不仅增强了农产品的可追溯性,还为消费者提供了更加安全、可靠的农产品选择。

(二)供应链协同的应用

供应链协同机制促使农产品生产、加工、销售等不同环节的企业建立起紧密的合作关系,实现资源共享与优势互补,进而显著提升了整个供应链的综合竞争力。在协同机制的推动下,各环节企业能够共同参与市场分析与预测活动。通过对市场趋势的准确把握,企业能够制订出更为科学、合理的生产计划,从而有效避免生产过剩或供应不足的情况,确保农产品市场的供需平衡。同时,协同机制还促进了企业间的信息共享,使得加工与销售环节能够及时反馈市场需求变化,指导生产环节及时调整,实现了供应链各环节的紧密衔接与

第八章　智慧生态农业促进农产品市场对接机制优化

高效运作。此外,协同机制还有助于降低库存成本。通过优化生产计划与库存管理策略,企业能够减少不必要的库存积压,提高库存周转率,进而降低运营成本,提升盈利能力。同时,协同机制还增强了供应链的敏捷性与适应性,使企业能够迅速响应市场变化,抓住市场机遇,提高市场竞争力。

(三)流通渠道的整合与优化

加强农产品流通基础设施建设,是优化流通渠道的首要任务。这包括提升冷链物流设施的覆盖率,确保农产品在运输过程中保持新鲜与安全,有效减少因温度不当而造成的损耗。冷链物流的完善,不仅能够延长农产品的保鲜期,还能扩大农产品的销售半径,满足更广泛消费者的需求。同时,推动线上线下流通渠道的融合,是农产品流通领域的一大创新方向。发展农产品电子商务,不仅能够打破地域限制,拓宽农产品的销售渠道,还能通过数据分析,精准对接市场需求,实现农产品的定制化生产与销售。线上平台与线下实体的结合,为消费者提供了更多元化的购买选择,也为农产品生产者带来了更多的市场机遇。此外,优化农产品流通环节,简化流通程序,是降低流通成本、提高市场对接效率的重要途径。通过减少不必要的中间环节,缩短农产品从产地到餐桌的距离,不仅能够降低物流成本,还能确保农产品价格的合理性,提高消费者的购买意愿。

(四)质量安全追溯体系的构建

为确保农产品市场的健康发展,构建农产品质量安全追溯体系显得尤为重要。这一体系旨在通过一系列措施,增强消费者对农产品的信任,进而激发市场需求。建立农产品质量标准体系是基础,它规定了农产品应达到的质量与安全标准,为农产品生产提供了明确的指导。同时,加强农产品质量检测,通过定期抽检与实时监测,确保市场上的农产品符合既定标准,为消费者提供安全可靠的食品来源。利用区块链等现代信息技术,实现农产品从生产到流通、销售各环节的全面信息追溯。消费者只需扫描产品上的追溯码,即可了解农产品的来源、生产过程、质量检测报告等详细信息,极大增强了产品的透明度与可信度。此外,对于农产品质量安全违法行为,必须加大惩处力度,形成有效的震慑。这不仅保护了消费者的合法权益,也维护了市场的公平竞争环境,促使农产品生产者自觉遵守质量标准,提升产品质量。

二、农产品市场对接机制优化的策略

(一)市场信息化的推进策略

农产品市场信息平台需要实现生产、流通、消费等环节的信息无缝对接与共享,确保市场参与者能够及时获取全面、准确的市场动态。加强农产品大数据分析同样不可或缺,通过收集并分析销售数据、客户反馈、市场调研等信息,运用统计模型和机器学习算法,可以为农民和商家提供精准的市场预测和决策支持。这不仅有助于农民合理安排生产计划,避免盲目种植或养殖,还能帮助商家优化库存管理,制定更有效的市场营销策略。信息技术的应用还能显著提升农产品市场的透明度。通过建立信息共享机制,减少信息不对称现象,降低因信息不畅导致的交易成本。同时,透明的市场环境还能增强消费者信心,促进农产品流通效率的提升。

(二)物流配送效率的提升策略

为提高物流配送效率,构建农产品冷链物流体系显得尤为重要。冷链物流能够确保农产品在运输过程中保持适宜的温度与湿度条件,从而大幅降低物流损耗,延长产品保鲜期,提升农产品品质与价值。与此同时,整合物流资源,促进物流企业与农产品生产、销售企业的深度合作,是提高配送速度的有效途径。通过共享物流信息,优化物流路径,减少中转环节,可以显著提升物流效率,缩短农产品从产地到餐桌的时间,满足消费者对新鲜农产品的需求。此外,运用现代物流技术也是提升物流配送效率的重要手段。物联网技术的应用,能够实时监控物流车辆与农产品的状态,确保物流过程的安全与可控。而无人机配送等新技术的引入,则能在特定区域与场景下,实现快速、精准的农产品配送,进一步缩短配送时间,提高服务效率。

(三)品牌建设与推广策略

通过提炼农产品的地域特色,结合当地的文化元素,可以创造出既具有地方特色又符合市场需求的农产品品牌,增强农产品的辨识度和吸引力。在品牌宣传方面,充分利用线上线下渠道,进行多渠道的品牌推广,是提升品牌知名度和信任度的有效途径。线上渠道如社交媒体、电商平台等,能够迅速触达广大消费者,通过生动的故事讲述、精美的产品展示,吸引消费者的注意力。线下渠道如农产品展销会、品鉴会等,则能让消费者亲身体验农产品的品质,增强品牌的口碑传播。此外,加强农产品品牌保护,打击假冒伪劣产品,是维护品牌形象、保障消费者权益的重要措施。品牌是农产品市场竞争力的重要组成部分,一旦品牌受到损害,将直接影响消费者的购买意愿,进而影响农产品的销售和市场占有率。因此,建立健全品牌保护机制,加强市场监管,对于维护农产品市场的健康秩序至关重要。

（四）农民合作社与市场对接的策略

加强合作社内部管理是首要任务,包括提升农产品质量标准,确保产品质量过硬,以及通过科学管理提高农产品供应的稳定性。这不仅能够增强消费者对合作社产品的信任,还能够为合作社赢得更好的市场口碑。在此基础上,鼓励合作社开展横向联合,形成规模优势,是提升市场竞争力的关键。通过联合,合作社能够整合资源,实现规模效应,降低生产成本,提高盈利能力。同时,规模化的合作社更容易获得市场的认可,有助于拓展销售渠道,增加市场份额。此外,加强合作社与农产品加工、销售企业的合作,实现产业链上下游的紧密衔接,是优化市场对接机制的重要途径。通过合作,合作社能够了解市场需求,及时调整生产计划,确保农产品符合市场需求。同时,加工与销售企业也能够获得稳定、优质的农产品供应,实现双赢。

第九章　智慧生态农业驱动农产品产业融合与创新

第一节　产业融合的背景、趋势与智慧农业的机遇

一、农产品产业融合的背景

(一)农产品产业融合的概念解析

农产品产业融合是农业领域内一种重要的发展趋势,它涉及农业内部及其与关联产业之间的深度协作与整合。这一过程主要通过技术创新、制度创新以及管理创新等方式实现,旨在促进产业链上下游环节的紧密连接与优化升级。在农产品产业融合中,农业生产、加工与销售等关键环节不再孤立存在,而是形成了一个紧密相连的整体。农业生产者不仅关注种植或养殖本身,还积极参与到后续的加工与销售环节中,通过了解市场需求来指导生产,从而提高农产品的市场竞争力。同时,加工企业也不再仅仅是农产品的简单处理者,而是积极参与到农产品的研发与品牌建设之中,通过提升加工技术和产品质量来增加农产品的附加值。传统的销售模式往往较为单一,难以满足消费者日益多样化的需求。而在产业融合的背景下,销售模式不断创新,电商平台、直播带货等新兴销售方式层出不穷,为农产品打开了更广阔的市场空间。这些新兴销售模式不仅提高了农产品的销售效率,还通过精准营销等手段,进一步提升了农产品的品牌影响力和市场竞争力。

(二)农业发展历程与产业融合的必然性

在中国农业的发展历程中,可以清晰地观察到从传统农业向现代农业的

深刻转变,并伴随着农业产业结构的持续优化与调整,产业链条的逐渐延伸,以及农业生产、加工、销售等各环节之间互动关系的日益紧密。传统农业主要依赖自然条件和人力劳作,生产效率相对较低,产品种类和销售渠道有限。而现代农业更加注重科技的应用和产业链的整合,通过引入先进的种植技术、机械化作业和智能化管理,农业生产效率显著提升,产品种类更加丰富,销售渠道也更加多元化。在这个过程中,产业融合成为农业发展的一个重要趋势。农业生产不再仅仅局限于田间地头,而是与加工、销售等环节紧密相连,形成了一个完整的产业链条。这种融合不仅促进了农业资源的优化配置,还提高了农产品的附加值,增加了农民的收入来源。同时,农业产业链的延长和产业融合的发展,也为农业现代化提供了有力支撑。通过引入现代信息技术、物联网技术和大数据技术等,农业生产变得更加精准和高效,农产品质量和安全性也得到了有效提升。

(三)农产品产业链的演变与融合

农产品产业链的演变是一个动态且持续的过程,它大致可以分为三个阶段。

第一阶段,农产品产业链以生产为中心。在这一阶段,农业生产占据主导地位,农民主要关注的是如何提高产量,以满足基本的食物需求。此时,农产品加工和销售环节相对简单,产业链上下游之间的联系并不紧密,农业附加值较低。

第二阶段,产业链进入了以加工为中心的阶段。随着农业生产力的提升,农产品开始出现过剩,加工环节逐渐成为产业链的关键环节。农产品通过加工,不仅延长了保质期,还提高了附加值,满足了消费者多样化的需求。此时,农业与加工业之间的联系逐渐加强,产业链上下游之间的协作开始增多。

第三阶段,产业链进入以市场为导向的阶段。在这一阶段,消费者需求成为推动产业链发展的主要动力。农业生产、加工和销售环节都紧密围绕市场需求展开,产业链上下游之间的联系日益紧密,产业融合成为推动农业发展的关键。通过产业链的整合,农业实现了从生产到消费的全程控制,不仅提高了产品质量,还进一步提升了农产品的附加值。

(四)农业生产、加工与销售环节的互动关系

农业生产、加工与销售环节之间存在着紧密相连、不可分割的互动关系,这从生产环节开始,便为后续的加工环节提供了必要的原材料。在农田里,农民通过精心耕作和科学种植,培育出优质的农产品,这些农产品不仅是人类食物的重要来源,也是加工环节不可或缺的原料基础。接着,加工环节通过技术创新和精细加工,将农产品转化为附加值更高的产品。无论是食品加工、纺织制造还是其他农业产业,加工环节都扮演着提升农产品价值、丰富农产品种类的关键角色。这不仅满足了市场对多样化产品的需求,也进一步推动了农业产业链的延伸。销售环节则是将加工后的农产品推向市场,满足消费者的多样化需求。通过有效的销售策略和渠道拓展,农产品得以更广泛地触达消费者,从而实现其价值。销售环节的成功与否,直接影响到生产环节和加工环节的效益,以及整个农业产业链的持续健康发展。

二、农产品产业融合的发展趋势

(一)农业现代化与产业融合的关联

农业现代化不仅局限于生产技术的革新,更涵盖了管理理念与经营模式的全面创新,这些深刻的变革为农产品产业融合创造了极为有利的外部环境。随着农业生产技术的不断进步,传统农业正逐步向智能化、精细化方向转型,生产效率与产品质量显著提升。与此同时,先进的管理理念与经营模式也如雨后春笋般涌现,它们强调资源共享、协同发展,为农产品产业融合提供了坚实的理论基础与实践指导。在此背景下,农业产业链的上下游企业开始摒弃原有的孤立运作模式,转而寻求更深层次的合作与共赢。通过资源整合与优势互补,这些企业不仅降低了运营成本,还实现了技术、信息与市场的有效对接,从而大幅提升了整体产业链的竞争力。农产品产业融合不仅促进了农业产业链上下游环节的紧密衔接,还推动了农业与第二、第三产业的深度融合,形成了多元化的产业形态与丰富的产品线。

第九章　智慧生态农业驱动农产品产业融合与创新

(二) 农业产业结构调整与产业融合

在农产品产业的融合过程中,农业产业结构的深刻变革,为农产品生产、加工、销售等环节之间的紧密联结提供了坚实基础。在生产端,农民根据市场需求调整种植结构,提高农产品的多样性和品质,为后续的加工和销售环节提供了丰富且优质的原料。与此同时,加工环节在技术创新和市场需求的驱动下,不断升级加工技术和设备,提升农产品的附加值,使其更加符合消费者的多元化需求。销售环节则通过拓展销售渠道和提升品牌影响力,将加工后的农产品推向更广阔的市场,实现了价值的最大化。这种紧密联结不仅促进了农产品产业内部的深度融合,还推动了农业产业结构的进一步优化升级。通过产业链的延伸和价值的提升,农业发展更加符合市场需求,农业产值也得以显著提高。这一过程中,农产品产业融合不仅增强了农业产业的综合竞争力,也为农民提供了更多的增收渠道,为农业的可持续发展注入了新的活力。

(三) 农业科技创新在产业融合中的作用

新型农业技术的不断涌现,不仅显著提升了农产品的产量与品质,还有效降低了生产成本,为产业融合提供了坚实的技术支撑。通过运用先进的生物技术、信息技术以及机械化手段,农业生产过程得以优化,资源利用效率大幅提高,农产品在保持高产的同时,其营养价值与口感也得到了显著改善。这些技术创新不仅满足了市场对高品质农产品的需求,也为农业产业融合奠定了坚实的基础。此外,农业科技创新还催生了众多新兴产业的崛起,如农业电商、农业大数据等。这些新兴产业依托先进的技术手段,打破了传统农业产业的界限,实现了农业与信息技术、服务业等领域的深度融合。农业电商通过线上平台,将农产品直接送达消费者手中,缩短了销售链条,提高了销售效率;农业大数据则通过对农业生产、市场、环境等数据的收集与分析,为农业决策提供了科学依据,推动了农业的精准化与智能化发展。

(四) 农产品产业融合的国际化发展

国内农产品企业通过与国际市场的深入合作,成功引进了众多先进的生产技术和管理经验,这些引进的要素极大地提升了国内企业的整体竞争力。在国际市场的舞台上,农产品企业不仅学到了如何提升农产品的质量和生产效率,还通过与国际同行的交流,拓宽了视野,更新了管理理念,为企业的长远发展奠定了坚实基础。同时,农产品产业融合的国际化发展,还为我国农产品品牌的海外推广提供了广阔平台,使这些品牌有机会在国际舞台上展示风采,赢得了海外消费者的认可和喜爱。这一过程中,农产品的销售渠道也得到了极大的拓宽。通过与国际市场的对接,国内农产品得以跨越国界,进入更广阔的消费领域,从而实现了价值的最大化。

三、智慧农业发展面临的机遇

(一)技术创新与产业融合的协同发展

技术创新作为智慧农业的核心驱动力,与产业融合的协同发展,共同为农业现代化构筑了坚实的支撑体系。物联网、大数据、人工智能等前沿技术在农业领域的广泛应用,正逐步打破传统农业生产的界限。这些技术不仅使农业生产、加工、销售等环节实现了无缝对接,还形成了一个高度协同、高效运转的产业链。物联网技术通过实时监测土壤、气候等环境因素,为精准农业提供了数据支持;人工智能技术的应用,则进一步提升了农业生产的智能化水平,实现了农业生产效率与质量的双重提升。这种协同发展模式,不仅显著提高了农业的附加值,还有效促进了农业资源的优化配置。智慧农业通过精准施肥、节水灌溉等手段,降低了农业生产对自然资源的依赖,减少了环境污染,为我国农业的可持续发展奠定了坚实的基础。

(二)农业产业链的智能化升级

从种子培育到种植管理,再到病虫害防治,以及后续的农产品加工与销售,每一个关键环节都在向智能化转型。在种植阶段,智能灌溉系统能够根据作物的实际生长需求,自动调节水分供给,确保作物在最佳的生长环境中茁壮成长。同时,无人机监测技术的运用,能够实时捕捉农田的各类信息,包括作物生长状况、土壤湿度、病虫害情况等,为农业管理提供了前所未有的精准度和时效性。进入农产品加工环节,智能化设备的应用不仅显著提升了加工效率,还通过精准控制加工过程,有效保障了产品的质量。在销售环节,智能化技术同样发挥着重要作用,它能够帮助企业更准确地把握市场需求,优化库存管理,降低成本,同时提升客户服务体验。农业产业链的智能化升级,不仅提升了农业生产的整体效率和质量,还为农产品产业融合提供了坚实的技术支撑。

(三)农业产业融合中的商业模式创新

基于互联网平台、农业企业、合作社与农户等多元主体,通过线上线下融合的全新方式,构建了资源共享、风险共担、利益共赢的紧密合作网络。农业电商的兴起,打破了传统农产品销售的时空限制,让农产品能够跨越地域,直接触达更广泛的消费群体。农产品定制服务,则根据消费者的个性化需求,提供从种植到收获的全链条定制体验,不仅满足了市场的多元化需求,也极大地提升了农产品的附加值。此外,农业众筹作为一种创新的融资模式,为农业项目提供了资金支持,降低了融资门槛,促进了农业创新项目的落地与发展。这些新型商业模式的不断涌现,不仅极大地拓宽了农产品的销售渠道,为农产品打开了更广阔的市场空间,还有效提高了农民的收入水平,激发了农业生产的活力。

(四)农业产业融合与农民增收致富的共赢格局

农业产业融合致力于实现农民增收致富的最终目标。在这一过程中,农民能够突破传统农业生产模式的局限,参与到产业链的多个环节中,从而分享到更多的增值收益。产业融合打破了原有的生产壁垒,使得农民有机会涉足农产品加工、销售以及乡村旅游等相关产业,拓宽了收入来源。智慧农业的发展为这一目标注入了新的活力,通过引入现代信息技术和智能化设备,农业生产效率大幅提升,同时创造了更多的就业机会。农民在参与智慧农业的过程中,不仅提升了自身的职业技能,还增强了市场竞争力和创业能力,为增收致富奠定了坚实基础。在此基础上,市场机制的完善对于构建农业产业融合与农民增收致富的共赢格局至关重要。市场机制能够更有效地配置资源,引导农民根据市场需求调整生产结构,提高农产品的附加值。同时,市场机制还能促进农产品品牌的塑造和市场拓展,进一步提升农民的收益水平。

第二节 智慧农业在产业融合中的催化作用

一、智慧农业推动农业产业链升级

(一)提高农业生产效率

随着物联网、大数据、云计算等新一代信息技术的蓬勃兴起,智慧农业如同一股清新的春风,悄然改变了农业的面貌,成为推动农业产业链全面升级的关键力量。在这一波技术浪潮的推动下,农业生产方式经历了前所未有的变革。智能化设备与技术的引入,为农业生产效率的提升带来了质的飞跃。无人机凭借其高效、精准的特点,在农药喷洒、作物监测等领域展现出了巨大潜力,不仅大幅减轻了农民的劳动强度,还显著提高了作业效率与质量。自动施肥机的应用,实现了肥料的精准投放,避免了资源浪费,减少了环境污染,同时确保了作物的健康生长,实现了农业生产的节本增效。此外,物联网技术通过传感器等设备,实时监测土壤湿度、光照强度等关键环境参数,为农业生产提供科学依据,助力农民做出更加精准的决策。大数据与云计算技术的结合,能够对海量农业数据进行深度挖掘与分析,发现生产过程中的潜在规律与问题,为农业生产的优化提供强大支持。

(二)促进农业产业创新

农业企业积极拥抱智能化设备与技术,使得生产过程实现了从机械化向自动化、智能化的跨越。这一转变不仅大幅降低了生产成本,还显著提升了农产品的质量与安全性。在智慧农业的推动下,农业产业链上的各个环节都迎来了创新的高潮。农产品追溯系统的建立,让消费者能够清晰地了解农产品的来源、生长过程及质量信息,增强了消费者对农产品的信任度,同时也为农产品品牌化建设提供了有力支撑。农业物联网平台的搭建,实现了农业生产环境的实时监测与智能调控,为精准农业提供了坚实的技术基础,助力农业生产更加科学、高效。此外,智慧农业还促进了农业产业链的延伸与拓展。通过智能化技术的应用,农业企业能够更精准地把握市场需求,开发出更符合消费者需求的农产品,同时,也促进了农产品加工、销售等环节的升级,为农业产业的转型升级提供了有力支持。

二、智慧生态农业促进农业与现代服务业的融合

(一)农业电子商务的发展

智慧农业作为现代农业发展的新趋势,为农业电子商务的发展提供了强大的数据支撑。在智慧农业的推动下,农业生产过程中的各个环节实现了数字化、智能化,产生了海量的数据资源。这些数据不仅涵盖了作物生长的环境条件、生长周期、病虫害情况等基本信息,还包括市场需求、消费者偏好等市场动态信息。这些数据资源的丰富性,极大地促进了农业与现代服务业的融合。农业电子商务作为现代服务业的重要组成部分,得以利用智慧农业提供的数据,实现精准营销和个性化服务。电商平台通过数据分析,能够准确把握消费者的需求变化,为农产品提供更精准的市场定位,从而有效拓展农产品的销售渠道。同时,智慧农业与农业电子商务的结合,也使得农民能够更好地对接市场需求,可以通过电商平台实时了解市场动态,根据市场需求调整种植结构和销售策略,从而提高农产品的附加值。这种基于数据的决策方式,不仅提升了农民的市场适应能力,还增强了农产品的市场竞争力。

(二)农业智能化服务体系的构建

智慧农业的兴起,加速了农业智能化服务体系的构建,为农业生产、管理、销售等关键环节提供了全面且高效的服务支持。这一服务体系,通过集成应用现代信息技术,实现了农业生产过程的智能化监控与管理,为农业产业的稳健发展奠定了坚实基础。在农业生产环节,智能病虫害监测系统利用物联网技术,实时监测作物生长环境中的病虫害情况,为农民提供精准的防治建议,有效降低了病虫害对农业生产的影响,保障了农产品的产量与质量。农产品

质量检测系统的应用,确保了农产品从田间到餐桌的全程质量可控,让消费者能够放心享用安全、健康的农产品。在农业管理方面,智能化服务体系通过大数据分析,为农业生产提供科学的决策支持。通过对历史气象数据、土壤数据、作物生长周期等多方面信息的综合分析,农业管理者能够制订更加合理的生产计划,优化资源配置,提高农业生产效率。在农产品销售环节,智慧农业也发挥了重要作用。通过电商平台与智能物流系统的无缝对接,农产品能够更快速地触达消费者,拓宽了销售渠道,提高了农产品的市场竞争力。

(三)农业大数据的应用

农业大数据涵盖了从土壤湿度、气候条件到作物生长周期、病虫害监测等多方面的信息,通过智能化分析,可以实时反映农业生产的实际情况,指导农民合理调整种植结构、优化生产要素配置,从而实现农业产量的提升和产值的增加。此外,农业大数据的应用不仅局限于农业生产本身,还为农业金融、保险等现代服务业的发展提供了强有力的数据支撑。金融机构和保险公司能够利用农业大数据进行风险评估和信用评级,为农民提供更加精准、个性化的金融服务,如贷款融资、保险理赔等,这不仅降低了金融机构的运营风险,也提升了农民的金融获得感和满意度。农业大数据的这种跨界应用,进一步促进了农业与现代服务业的深度融合。在大数据的驱动下,农业生产与现代服务业之间的联系更加紧密,形成了一个相互促进、共同发展的良性循环。

三、智慧农业在农业产业融合中的挑战与对策

(一)技术与设备瓶颈

在农业智能化设备的研发领域,相对于国际先进水平,国内尚存在一定的滞后性。高端智能化农业设备在很大程度上依赖于进口,这不仅增加了农业生产的成本,也在一定程度上制约了智慧农业在国内的广泛推广与深入应用。面对这一现状,加大技术研发投入,提升国产农业智能化设备的性能与可靠性,显得尤为重要。通过加大科研力量的投入,可以加速关键技术的突破,推动农业智能化设备的自主创新,从而降低对进口设备的依赖,有效控制成本。

同时,提升国产设备的性能与可靠性,将进一步增强其在市场上的竞争力,为智慧农业的普及与发展提供更加坚实的物质基础。此外,加强"产学研用"合作,促进技术创新与市场需求的有效对接,也是解决技术与设备瓶颈的重要途径。通过构建多方参与的协同创新机制,可以加速科技成果的转化应用,推动农业智能化设备的迭代升级,为智慧农业的深入发展提供源源不断的动力。

(二)产业协同发展问题

农业、信息技术与现代服务业等多个产业的深度融合,是实现智慧农业高效发展的关键所在。为了实现这一融合,需要各产业间建立紧密的合作关系,共同推动技术创新与产业升级。农业领域应积极引入现代信息技术,提升农业生产的智能化水平;信息技术产业应专注为农业提供定制化的解决方案,助力农业生产效率的提升;现代服务业则可以通过数据分析、金融服务等手段,为农业生产提供更全面的支持。在推动产业协同发展的过程中,应注重产业链上下游的衔接与互动。通过优化资源配置,促进产业链各环节之间的信息共享与协同作业,可以有效降低生产成本,提高农产品的市场竞争力。同时,还应加强人才培养与技术创新,为智慧农业的发展提供持续的动力。

(三)人才培养与制度支持需求

当前国内在智慧农业领域的人才储备尚显不足,这成为制约智慧农业进一步发展的关键因素之一。为了应对这一挑战,加强人才培养,提升农业从业者的整体素质显得尤为重要。通过设立专项基金、奖学金等方式,鼓励更多有志青年投身智慧农业领域的学习与研究,可以为智慧农业的发展输送源源不断的新鲜血液。针对现有农民群体,开展智慧农业技能培训与普及教育,帮助他们掌握现代农业技术与管理理念,提升其在智慧农业实践中的操作能力与创新意识。此外,构建完善的智慧农业人才培养体系也至关重要。这包括建立跨学科的研究平台,促进计算机科学、信息技术、农业科学等多领域的交叉融合,为智慧农业的创新发展提供强大的智力支持。同时,加强与国际先进国家在智慧农业人才培养方面的交流与合作,借鉴其成功经验,加速我国智慧农业人才队伍的壮大。

第三节 跨产业深度融合的实践与模式探索

一、跨产业深度融合的实践路径

(一)智慧农业产业链的构建

在智慧农业产业链的构建过程中,农业与信息技术、物联网、大数据、人工智能等产业的紧密结合,为农业产业的转型升级注入了新的活力。从种子选育到种植管理,再到收获加工与销售,智慧农业产业链覆盖了农业生产的每一个环节,形成了一个完整且高效的产业闭环。在这一产业链中,信息技术的应用使得农业生产过程实现了智能化、精准化。物联网技术实时监测土壤、气候等环境因素,为农业生产提供了科学依据;大数据与人工智能技术的运用,则通过对海量数据的分析,为农业生产决策提供了有力支持。这些技术的融合应用,不仅提高了农业生产的效率与质量,还降低了生产成本,增强了农业的市场竞争力。同时,智慧农业产业链的构建,促进了产业链各环节之间的信息共享与资源互补。种植户、加工商、销售商等各方通过信息共享平台,能够更准确地把握市场需求,优化资源配置,减少中间环节,提高整个产业链的运作效率。这种跨产业的深度融合,不仅推动了农业产业的转型升级,也为相关产业的发展提供了新的机遇。

(二)跨产业融合的关键技术

对农作物生长环境的实时监测和数据的精准采集得来的海量数据经过大数据分析,揭示了农作物生长的规律和趋势,为农民提供了科学的种植指导,从而提高了农作物的产量和品质。

信息化管理技术通过构建农业信息化平台,整合了农业生产、管理、销售等各个环节的信息,实现了信息的共享与高效利用。这一技术不仅优化了作物生长环境,提高了产量与质量,还通过精准预测农产品产量,为市场供需平衡提供了科学依据。同时,它加强了农产品质量追溯,提升了消费者信任度,并通过电商平台拓宽了农产品销售渠道。

智能决策支持技术则更进一步,利用人工智能和机器学习对农业数据进行深度挖掘与分析,实现了农业生产决策的自动化与智能化。这一技术为农民提供了基于数据驱动的精准建议,帮助他们做出更加科学、准确的决策。同时,它还能够实时监测作物生长过程中的变化,及时发现并应对异常情况,从而减少了农业生产中的损失。

(三)跨产业融合实践

1. 农业与物联网的融合

农业与物联网技术的深度融合,通过在农田中精心布置传感器、控制器等物联网设备,农业生产环境实现了实时监控与自动化控制。这些设备如同农业生产的眼睛和大脑,实时收集并传输作物生长过程中的关键数据,如土壤湿度、养分含量、光照强度、气温变化等。基于这些数据,物联网系统能够智能分析作物的生长需求,并自动调节水肥一体化系统,为作物提供恰到好处的灌溉与施肥。这种精准的灌溉与施肥方式,不仅满足了作物的生长需求,还避免了水资源的浪费与化肥的过度使用,提高了农业资源的利用效率。同时,物联网技术的应用还使得农业生产过程更加透明化、可视化。农民通过手机或电脑等终端设备,即可随时随地查看农田的实时状况,了解作物的生长情况与健康状况。

2. 农业与大数据的融合

在农业与大数据的融合进程中,大数据成为农业生产的重要驱动力。通过对海量的农业数据进行深度挖掘与分析,可以揭示出隐藏在数据背后的潜在农业生产规律,为农民提供宝贵的决策支持。在种植方面,大数据能够分析土壤条件、气候条件以及作物生长周期等多方面数据,为农民提供最佳的种植方案。系统能够预测不同作物在不同环境下的生长表现,帮助农民选择最适合当地条件的作物品种,从而提高农作物的产量和品质。在施肥方面,大数据能够分析土壤养分含量、作物生长需求以及肥料利用率等数据,为农民提供精准的施肥建议。这不仅可以减少肥料的浪费,降低生产成本,还能提高土壤的肥力,促进作物的健康生长。在病虫害防治方面,大数据能够实时监测作物的生长状况,及时发现病虫害发生的迹象,并提供有效的防治措施。系统能够分析病虫害的发生规律,预测其发展趋势,帮助农民提前做好准备,减少病虫害对农作物的影响。

二、智慧农业跨产业深度融合模式探索

(一)模式创新的重要性

借助人工智能技术,农田管理实现了前所未有的智能化水平。无人驾驶农机能够根据预设路线自主作业,精准执行播种、施肥、除草等任务,不仅大幅提升了作业效率,还有效降低了人力成本。智能病虫害识别系统,利用图像识别与机器学习技术,能够实时监测作物生长环境中的病虫害情况,为及时防治提供了科学依据,减少了农药的过度使用,保护了生态环境。在农业生产链的后端,人工智能同样发挥着重要作用。自动化收割系统能够精准识别农作物成熟度,实现高效收割,减少了作物损失,提高了农产品质量。此外,人工智能还为农产品销售与供应链管理提供了智能化解决方案。通过大数据分析,可以精准预测市场需求,优化农产品库存管理,减少浪费。同时,智能物流系统能够根据订单情况,自动规划最佳配送路线,提高物流效率,降低运输成本。

(二)常见智慧农业跨产业深度融合模式

1. 平台模式

智慧农业跨产业深度融合模式的创新,在当前农业现代化、信息化、智能化的发展趋势下,展现出了对提升农业产业链运作效率、优化资源配置以及增强农业市场竞争力的巨大潜力。这一创新模式通过打破传统农业产业的界限,促进了农业与物联网、大数据、人工智能等前沿技术的有机结合,为农业生产、管理、销售等各个环节带来了深刻的变革。在生产环节,智慧农业通过精准农业技术的应用,实现了对农作物生长环境的实时监测和精准调控,提高了农作物的产量和品质。同时,智能化的农业机械和自动化设备的应用,极大地提升了农业生产的效率和准确性。在管理环节,大数据和人工智能技术的引入,使得农业生产管理更加科学、高效。通过对农业数据的深度挖掘和分析,

可以及时发现并解决农业生产中的问题,优化资源配置,降低生产成本。在销售环节,智慧农业通过电商平台和物联网技术的应用,实现了农产品的精准营销和快速流通。消费者可以通过电商平台直接了解农产品的生长环境、品质等信息,提高了农产品的市场竞争力。

2. 生态链模式

生态链模式作为农业产业链发展的新方向,强调各环节的协同与共生,致力于构建一个绿色、高效且可持续的农业生产体系。这一模式以生态循环为核心理念,充分融合现代科技手段,推动农业与环保、能源等产业的深度融合,引领农业生产向绿色转型迈进。在实践中,生态链模式通过技术创新与产业协同,探索出了一系列绿色发展的新路径。例如,"光伏+农业"模式便是一个典型的成功案例。该模式将光伏发电设施与农业生产活动巧妙结合,既充分利用了土地资源,又实现了清洁能源的高效利用。在光伏板下,农作物依然可以正常生长,而光伏板产生的电力则可以为农业生产提供绿色能源,减少了对传统化石能源的依赖,降低了碳排放,促进了农业产业的绿色发展。此外,生态链模式还注重农业废弃物的资源化利用,通过生物降解、堆肥发酵等技术手段,将农作物秸秆、畜禽粪便等废弃物转化为有机肥料,实现了资源的循环利用,减少了环境污染。同时,这一模式还鼓励农业与旅游、文化等产业的融合,发展休闲农业、创意农业等新业态,丰富了农业产业的内涵,提升了农业的整体价值。

3. 服务模式

服务模式在农业产业链上的应用,聚焦于为农业生产、管理、销售等环节提供专业且便捷的服务,这一模式通过信息化、智能化的手段,实现了农业产业链的全方位优化。在农业生产环节,服务模式通过引入智能农业解决方案,为农户提供了精准施肥、病虫害防治等关键服务。这些服务基于大数据分析和人工智能技术,能够实时监测作物的生长环境,预测病虫害的发生趋势,从而为农户提供科学的种植建议,有效提升了农业生产的效率和作物的品质。在农业管理环节,服务模式利用物联网和云计算技术,实现了对农业资源的精准管理和优化配置。通过对农田灌溉、施肥等生产活动的智能化控制,降低了农业资源的浪费,提高了农业生产的可持续性。在农产品销售环节,服务模式借助电商平台和农产品追溯系统,为农产品提供了更加透明、安全的销售渠道。消费者可以通过扫描农产品上的追溯码,了解农产品的生长环境、品质等信息,增强了消费者对农产品的信任度,提升了农产品的市场竞争力。

第十章 农民培训与技术支持在智慧生态农业中的角色

第一节 智慧农业技术培训的内容体系

一、智慧农业技术培训内容体系构建

（一）培训目标与原则

智慧农业技术培训致力于通过全面而系统的教育流程,结合实践操作,显著提升农业从业人员的科技素养与专业技能,加速农业现代化的步伐。培训的核心原则围绕实用性、针对性、创新性和持续性展开,确保培训内容紧密契合农业生产的实际需求,紧跟科技发展的趋势。在培训过程中,强调理论与实践的深度融合。学员不仅学习先进的农业科技理论知识,如物联网技术、大数据分析、人工智能应用等,还通过模拟操作和实地演练,掌握这些技术在农业生产中的具体应用方法。这种教学模式确保了学员能够将所学知识迅速转化为解决实际问题的能力,同时,智慧农业技术培训注重培养学员的创新精神与实践能力。鼓励学员在学习过程中勇于探索、敢于尝试,通过解决实际问题,激发创新思维,提升解决问题的能力。培训还强调持续性学习的重要性,鼓励学员在培训结束后,依然保持对新技术、新知识的探索与学习,不断提升自我,以适应农业领域日新月异的发展变化。

（二）技术培训的主要内容

1. 智能感知技术

智能感知技术通过集成先进的电子设备和网络通信手段,实现了对农业

环境及作物生长状态的实时监测与精确感知。传感器技术作为智能感知的核心,能够精确测量土壤湿度、温度、光照强度、空气质量等关键农业参数,为农业生产提供翔实的数据支持。而物联网技术则将这些传感器设备连接起来,形成一个庞大的数据网络,实现了信息的快速传输与共享。为了充分发挥智能感知技术的潜力,相关培训显得尤为重要。通过专业培训,学员可以系统地学习智能感知设备的基本操作、日常维护以及数据处理方法。这不仅能够帮助他们熟练掌握设备的使用技巧,还能提升他们在农业环境监测、作物生长监测等方面的专业能力。在培训过程中,学员将深入了解传感器的工作原理、性能指标以及适用场景,同时学习如何利用物联网技术进行数据的收集、传输与分析。此外,通过实践操作和案例分析,学员还将掌握如何根据监测数据制订科学的农业生产计划,从而有效提高农业生产的精准度和效率。

2. 数据处理与分析技术

数据处理与分析技术依托大数据与云计算等先进技术,为农业生产的精准管理提供了强大的技术支持。在智慧农业技术培训中,数据处理与分析能力的培养是重中之重。培训内容涵盖数据采集、存储、清洗、分析等多个关键环节。学员将学习如何利用传感器、无人机等现代设备,高效、准确地收集农田环境、作物生长等多方面数据。同时,通过云计算平台,学员将掌握数据的高效存储与快速访问技巧,确保数据的完整性与安全性。数据清洗是数据分析前的重要步骤,学员将学习如何识别并纠正数据中的错误与异常,确保分析结果的准确性。在数据分析环节,学员将深入了解各种数据分析方法,如回归分析、聚类分析、预测模型等,并学会如何运用这些方法解决农业生产中的实际问题,如作物病虫害预警、土壤养分管理、农产品市场趋势预测等。

3. 无人机与机器人技术

无人机与机器人技术的培训内容涵盖了无人机操控、维修、编程以及机器人设计、控制与应用等多个方面。在无人机培训方面,学员将学习无人机的基本操控技巧,包括起飞、飞行、降落等,掌握无人机的日常维护和故障排查方法。此外,无人机编程培训也是重要一环,学员将学习如何利用编程技术实现无人机的自主飞行、智能避障以及精准作业等功能。机器人技术培训则侧重于机器人的设计原理、控制系统及应用场景。学员将深入了解机器人的机械结构、传感器配置以及动力系统,同时学习如何编写控制程序,实现机器人的自主导航、精准作业以及远程监控等功能。此外,培训还将涵盖机器人在农业领域的具体应用,如作物种植、病虫害防治、农产品收获等。通过全面的培训,学员能够熟练掌握无人机与机器人在农业领域的应用技能,提升农业生产效率。他们能够利用这些先进技术实现农业生产的智能化、精准化,降低生产成本,提高农产品质量。同时,无人机与机器人技术的应用还有助于减少人力投入,缓解农村劳动力短缺的问题。

二、智慧农业技术培训效果评估与优化

(一)培训效果评估指标体系

培训效果评估指标体系由四个核心的一级指标构成,分别用于全面衡量培训的成效。学员满意度作为第一个一级指标,是衡量培训整体质量的关键。它反映了学员对培训内容、方式、师资以及环境等方面的主观感受,是评估培训效果的重要参考。知识掌握程度是第二个一级指标,用于衡量学员对智慧农业技术理论知识的掌握情况。通过理论考试、在线测试等方式,可以客观评估学员对基础理论知识、技术原理及最新研究成果的掌握程度。技能操作熟练度作为第三个一级指标,主要评估学员在实际操作中的能力。通过实践操作考核、技能竞赛等活动,可以直观了解学员在无人机操控、机器人应用、数据分析等方面的操作技能和熟练程度。应用创新能力是第四个一级指标,它关注学员将所学知识应用于实际生产中的创新成果。通过项目实践、创新竞赛等渠道,可以考查学员在解决农业生产实际问题、优化作业流程、提升生产效率等方面的创新能力和成果。

(二)培训效果评估方法

问卷调查作为一种直接反馈机制,旨在收集学员对培训内容、培训师的专业水平、培训环境的舒适度等方面的主观评价,为培训质量的持续改进提供依据。理论测试通过设计涵盖培训核心知识点的试卷,评估学员对智慧农业基础理论、数据处理与分析、智能决策支持系统设计等关键内容的掌握程度,确

保学员具备扎实的理论基础。实操考核则强调学员的动手能力与问题解决能力,通过模拟真实工作场景,让学员完成数据采集、系统构建等实操任务,评估其在面对实际问题时的应对能力与操作水平。此外,跟踪调查作为长期评估手段,关注学员在培训结束后的一段时间内,如何将所学知识应用于农业生产实践,评估培训成果在实际工作中的转化效果,以及学员在职业生涯中的持续发展情况。

(三)培训质量的持续改进与优化

针对评估中揭示的问题与不足,培训课程设置进行了及时的调整。通过深入分析学员的需求与期望,课程内容的更新更加贴近实际应用,确保了学员能够学到最实用、最前沿的智慧农业技术知识。在培训方式上,也进行了显著的优化。案例教学被更多地引入,通过真实案例的分析与讨论,不仅增强了学员对知识的理解和记忆,还提高了他们解决实际问题的能力。同时,现场教学也得到了加强,学员能够在真实的工作环境中进行实践操作,从而更直观地理解和掌握技术要点。此外,师资队伍建设也得到了足够的重视。培训师的专业素养和教学能力得到了全面的提升,他们不仅具备扎实的理论知识,还拥有丰富的实践经验,能够更好地指导学员进行学习和实践。通过定期的培训和交流,培训师不断更新知识,提升教学水平,为学员提供了更高质量的教学服务。

第二节 技术支持体系的建设与运行机制

一、农民技术支持体系的建设

(一)技术资源整合与优化

为了全面提升农业技术水平,对现有技术资源的系统梳理与高效整合显得尤为重要。这一过程涉及多个层面的协作与努力,旨在实现技术资源的优势互补,提升资源利用的整体效能。农业科研机构作为技术创新的源泉,需发挥其引领作用,通过加强与技术推广部门、农业企业及农民合作社等多元主体的深度合作,形成"产学研用"紧密结合的创新体系。这种合作模式不仅能够加速科技成果的转化应用,还能够促进技术资源的共享与交流,打破信息壁垒,提升技术创新的活力与效率。同时,关注农业技术发展的最新趋势,积极引进国外先进技术,是提升我国农业技术水平的重要途径。这要求相关部门与机构保持敏锐的市场洞察力,及时捕捉国际农业科技的最新动态,通过技术引进、消化吸收再创新,不断丰富和完善我国农业技术体系,为农民提供更加全面、高效的技术支持。在资源整合与优化过程中,还需建立长效的技术推广与服务机制,确保先进技术能够及时、准确地传递到农民手中。通过组织技术培训、现场示范、远程咨询等多种形式,提高农民的科技素养,增强他们运用新技术解决生产实际问题的能力,为农业可持续发展奠定坚实基础。

(二)技术培训与推广体系的构建

技术培训与推广体系作为农民技术支持体系的核心环节,对于提升农民技术素养、推动农业现代化发展具有举足轻重的作用。为构建健全的技术培训与推广体系,需从多方面入手,确保农民能够获得全面、实用的技术支持。制订有针对性的培训计划是首要任务,通过深入了解农民的实际需求和技术短板,可以设计出符合农民生产实际、针对性强的培训内容。这些培训内容既涵盖智慧农业技术的基础知识,又涉及实际操作技能,确保农民能够学以致用,真正受益。开展形式多样的培训活动是提升农民技术素养的关键,现场教学能够让农民在真实环境中学习新技术,感受技术的实际效果;网络培训和远程教育打破了地域限制,使农民能够随时随地接受专业培训,提高学习的灵活性和便捷性。这些多样化的培训形式,能够满足不同农民的学习需求,提升培训的覆盖面和实效性。加强农业技术推广队伍建设是确保技术落地的有力保障,推广人员作为技术与农民之间的桥梁,其专业素质和推广能力直接影响着技术的传播效果。因此,需通过定期培训、交流学习等方式,不断提升推广人员的专业技能和服务水平,使他们能够更好地向农民传授新技术,解答技术难题,推动农业技术的广泛应用。

(三)农民技术需求与反馈机制

了解农民在农业生产中的技术需求,是确保提供精准有效技术支持的先决条件，为此，建立一套全面且高效的农民技术需求与反馈机制至关重要。这一机制需涵盖多种信息收集方式，如定期开展的问卷调查、深入田间的访谈以及组织专题座谈会等，旨在全方位、多角度地捕捉农民在生产实践中遇到的技术瓶颈与具体需求。通过这些直接沟通渠道，可以精准识别农民在作物种植、畜禽养殖、农产品加工等不同环节所面临的技术难题，为后续的技术支持提供明确的方向。同时，为确保农民的声音能够被充分倾听并得到有效回应，还需设立专门的反馈渠道。这包括但不限于热线电话、电子邮箱、在线服务平台等，为农民提供一个便捷、高效的途径，鼓励他们积极反馈技术使用的体验与评价，以及对技术改进的建议与期望。这种双向沟通机制有助于形成技术提供者与使用者之间的良性互动，促进技术的持续优化与创新。在此基础上，农民技术需求与反馈机制还需注重信息的整理与分析，通过定期汇总与分析农民反馈的数据，可以及时发现技术应用的普遍性问题与特殊需求，为技术服务的精准投放提供科学依据。同时，这一机制还能够促进技术资源的合理配置与高效利用，确保技术支持能够真正满足农民的实际需求，提升农业生产的整体效益。

（四）农民技术支持体系的评价与改进

一个完善的评价体系，应当涵盖技术支持的实际效果、农民的满意度以及资源利用效率等多个方面。技术支持的效果是评价体系的重中之重。这包括技术应用的成功率、对农业生产效率的提升程度以及对农产品质量的改善效果等。通过对这些指标的客观评估，可以准确反映技术支持体系的实际效能。农民的满意度同样是评价体系不可或缺的一部分，农民作为技术支持的直接受益者，他们的反馈是衡量体系成功与否的重要标准。通过问卷调查、访谈等方式，了解农民对技术支持的满意度，可以及时发现体系中的不足之处，为后续改进指明方向。资源利用效率的评价关注技术支持体系在资源配置上的合理性，包括资金、人力、物力等方面的投入与产出比，以及技术资源的共享与利用效率等。通过优化资源配置，可以进一步提高技术支持体系的运行效率。基于评价结果，应及时调整技术支持策略，优化资源配置，改进培训与推广方法。同时，要紧跟农业技术发展的最新动态，不断更新和完善技术支持体系，确保农民能够获得最前沿、最实用的技术支持。

二、农民技术支持体系的运行机制

(一)技术创新与扩散机制

构建以科研院所、大专院校为核心的技术创新体系,是确保农业生产持续获得新技术、新产品的关键。这些机构凭借其深厚的科研实力与丰富的教育资源,能够不断探索农业科技的前沿领域,开发出适应市场需求、符合农业生产实际的创新成果,为农业生产力的提升注入不竭动力。为了激发技术创新活力,需要构建多元化的技术创新格局,鼓励企业、合作社等农业经营主体积极参与其中。通过搭建"产学研用"深度融合的平台,促进技术、资本、信息等要素的顺畅流动,加速科技成果的转化与应用。这不仅有助于提升农业科技创新的整体效能,还能让技术更加贴近农业生产实际,满足农民多样化的技术需求。与此同时,建立健全技术扩散机制,是确保先进、适用农业技术能够迅速普及到农民手中的重要保障。现代农业推广体系作为连接科技与农民的桥梁,应充分利用其网络优势与资源优势,通过组织技术培训、现场示范、远程咨询等多种形式,将最新的农业技术成果传递给农民,帮助他们掌握新技术、新方法,提升农业生产效率与产品质量。技术扩散机制的完善,还需注重农业科技成果的转化率提升。通过优化资源配置、完善激励机制等措施,鼓励科研人员积极参与技术推广工作,促进科技成果从实验室走向田间地头,真正转化为推动农业发展的强大动力。

(二)农民参与机制

为了充分激发农民参与技术应用的积极性,需要采取一系列措施,确保农民在技术引进、试验、示范和推广的全过程中发挥主体作用。设立农业技术培训基金,为农民提供充足的培训资源,是提升农民技术素养的有效途径。通过组织农民参加技术培训,可以让他们掌握先进的农业技术知识,了解技术的实际应用场景和操作方法,为后续的农业生产实践打下坚实基础。鼓励农民积极参与农业科技项目的申报、实施和评价,是提升农民主体地位的重要举措。

在项目的全过程中,农民不仅可以深入了解技术的原理和优势,还能在实践中不断积累经验,提高技术应用的效果。同时,农民的参与也为项目的顺利推进提供了有力保障,确保技术能够真正落地生根。建立健全农民利益联结机制,是确保农民在技术应用中获得实实在在收益的关键。通过制定合理的利益分配方案,让农民在技术引进、试验、示范和推广过程中享受到实实在在的利益,从而进一步激发他们参与技术应用的积极性。这种利益联结机制不仅有助于提升农民的经济收益,还能增强他们对技术的信任感和归属感。

(三)资金投入与保障机制

为确保农业科技研发、推广及应用的资金需求,需加大对农业科技的财政支持力度。通过设立专项基金、增加科研预算等方式,为农业科技研发提供稳定的资金来源,鼓励科研机构与高校深入探索农业科技的未知领域,推动农业技术的不断创新与升级。同时,资金的支持还应覆盖农业技术的推广与应用环节,确保先进的农业技术能够迅速普及至广大农村地区,为农民提供切实有效的技术支持。在资金来源上,除了财政支持外,还需创新金融产品和服务,引导金融资本向农业科技领域倾斜。通过开发适合农业科技企业的信贷产品、设立农业科技投资基金等措施,拓宽农业科技的资金来源渠道,为农业科技创新与技术应用提供充足的资金支持。此外,建立健全农业保险体系,对于降低农民因技术应用失败而承担的风险具有重要意义。农业保险能够为农民在技术应用过程中可能遭遇的自然灾害、技术失误等风险提供经济补偿,减轻农民的经济负担,保障其合法权益。同时,农业保险体系的完善还能够增强农民对新技术应用的信心,促进农业技术的广泛推广与应用。

(四)农民技术支持体系与其他相关体系的协同作用

农民技术支持体系与其他相关体系紧密协同,其宗旨在于培养高素质的农业人才,他们不仅具备扎实的理论知识,还拥有丰富的实践经验。这些人才能够为农民提供精准的技术指导和服务,帮助他们解决农业生产中遇到的实际问题。同时,通过农业科技教育体系的支持,农民的技术素养和创新能力也能得到不断提升,为农业现代化提供坚实的人才保障。通过与农业产业链体系的协同,能够实现产、学、研一体化,可以促进农业科技成果的快速转化和应用。科研机构和企业能够依托农业产业链,将最新的科技成果转化为农民易于接受和应用的实用技术。这种协同不仅有助于提升农业生产的效率和品质,还能推动农业产业链的升级和拓展,为农业现代化注入新的活力。此外,与农业制度体系的协同也必不可少。通过制定有利于农业科技创新和技术应用的制度措施,可以为农民技术支持体系的运行创造良好的外部环境。这些制度可以包括资金支持、税收优惠、技术引进等方面的扶持,以激发农民参与技术应用的积极性,推动农业技术的广泛传播和深入应用。

第三节 培训效果评估与持续改进策略

一、农民培训效果评估

(一)培训效果评估的理论与方法

在对农民培训效果进行评估的过程中,依据科学的理论体系和方法论至关重要,以确保评估的客观性、公正性和准确性。成人教育理论强调学员的学习需求与经验背景,为评估农民培训效果提供了重要视角。它还关注培训内容是否与农民的实际需求相匹配,以及培训方式是否适应成人的学习特点。行为改变理论关注培训对农民行为模式的影响,通过评估农民在接受培训后是否改变了原有的不良行为,是否采纳了新的农业技术和管理方法,来衡量培训的实际效果。人力资本理论则从经济角度审视培训的价值,评估培训是否提升了农民的人力资本,包括知识、技能、经验等,进而促进了农业生产效率的提高和农民收入的增加。在评估实践中,采用定性与定量相结合的方法,如通过问卷调查收集农民对培训的整体满意度、知识掌握程度等量化数据,同时结合访谈、观察、案例分析等定性方法,深入了解农民在培训过程中的具体体验、学习成果以及培训对农业生产实践的实际影响,从而全面、客观地评估农民培训的效果。

(二)农民培训效果评估的指标体系

评估农民培训效果指标体系旨在全面反映培训活动的各个方面,确保评估结果的准确性和有效性。培训过程指标是指标体系的重要组成部分,它主要关注培训的组织、实施和管理情况。通过对培训计划的制订、培训师资的选拔、培训时间的安排以及培训过程的监控等方面的评估,可以了解培训活动是否按照预定目标有序进行,是否存在需要改进的环节。培训成果指标着眼于农民在接受培训后知识、技能和态度等方面的变化。通过对比培训前后的知识测试、技能考核以及行为观察等,可以直观地看到农民在培训中的收获和成长。培训效益指标更加关注培训对农民生产、生活和收入等方面的实际影响。通过跟踪农民在培训后的生产实践、生活改善以及经济收入的变化,可以评估培训活动是否真正为农民带来了实惠和改变。最后,培训满意度指标从农民的角度出发,对培训的质量和效果进行主观评价。通过问卷调查、访谈等方式,了解农民对培训内容、培训方式、培训师资等方面的满意度,可以为后续培训的改进提供有价值的参考。

二、农民培训持续改进策略

(一)培训内容与方式的优化

1. 创新培训模式

为提升培训效果,可探索采用更为多元化、互动性强的培训模式。现场教学作为一种直观且生动的教学方式,能够直接将农民带入真实的农业生产环境中,通过观察、操作、交流等环节,使农民在实践中学习新技术、新方法,增强学习的直观性和实效性。实地考察能让农民亲身体验先进的农业生产模式和成功案例,通过对比学习,发现自身生产中的不足,激发改进创新的动力。同时,实地考察还能促进农民之间的交流与合作,共同分享经验、解决问题,形成良好的学习氛围。此外,线上线下相结合的培训模式也是提升培训效果的有效途径。线上平台能够提供丰富的学习资源,如视频教程、在线问答等,方便农民随时随地自主学习;线下培训能针对农民的具体问题进行深入讲解和实

第十章　农民培训与技术支持在智慧生态农业中的角色

操指导,确保学习内容的消化与吸收。

2. 结合实际需求调整培训内容

培训内容的设计应当符合农民的实际需求,其核心目的在于解决农民在生产实践中所面临的具体问题。为了实现这一目标,必须首先对农民的需求进行深入的调查与分析。通过广泛的调研,可以收集到农民在生产过程中遇到的各种技术难题、管理困惑以及市场信息等方面的需求。这些需求反映了农民在生产实践中的真实状况,是培训内容设计的重要依据。基于收集到的需求信息,培训课程应进行有针对性的调整。一方面,要确保培训内容涵盖农民所需的技术知识和管理方法,帮助他们解决生产中的实际问题;另一方面,培训内容还应具备一定的前瞻性,引导农民了解和学习新技术、新方法,提升他们的生产能力和市场竞争力。同时,培训内容的实用性也是至关重要的。要确保农民在参加培训后,能够真正掌握并运用所学知识,提高生产效率,改善生活质量。因此,培训内容应注重实践操作和案例分析,让农民在培训过程中获得真实的体验和感受。

3. 提高培训质量与针对性

从培训讲师的选拔开始,应确保其具备丰富的专业知识与实践经验,能够深入浅出地讲解农业技术与管理知识,有效激发农民的学习兴趣。同时,讲师还需具备良好的沟通技巧与耐心,能够与农民建立良好的互动关系,解答他们在学习过程中遇到的疑问。在教材选用上,应注重内容的实用性与时效性,确保农民能够学到最新的农业技术与管理理念。教材还应结合农民的实际需求,以案例为导向,让农民在学习过程中能够直观地看到技术的应用效果,增强学习的动力。教学设施作为培训的物质基础,同样须进行严格把关。现代化的教学设备、宽敞明亮的教室以及完善的实践操作场地,能够为农民提供舒适、高效的学习环境,提升培训的整体效果。此外,针对不同地区、不同类型的农民,制定个性化的培训方案也是提高培训针对性的关键。通过分析农民的生产特点、技术需求以及学习习惯,量身定制培训内容与教学方式,使培训更加贴近农民的实际需求,提升培训的实效性。

· 159 ·

(二)培训师资队伍建设

1. 加强师资培训与选拔

加大对师资的培训力度旨在提高师资队伍的专业素养和教学能力,确保他们能够为农民提供高水平、高质量的培训服务。对师资的培训应涵盖多个方面,包括农业技术的前沿知识、教学方法的创新应用以及农民心理需求的深入了解等。通过系统的培训和学习,师资可以不断更新知识结构,提升教学技巧,更好地适应农民培训的需求。同时,选拔具有丰富实践经验、善于与农民沟通的师资也是关键。这些师资不仅具备扎实的理论基础,还能够在实践中灵活运用所学知识,为农民提供实用的指导和建议。他们应善于倾听农民的声音,了解农民的需求,能够与农民建立良好的互动关系,从而提高培训的针对性和实效性。在选拔师资的过程中,应注重考核其教学经验和沟通能力。通过实践案例分析、教学演示等方式,评估师资的教学水平和与农民的沟通能力,确保选拔出的师资能够胜任农民培训的任务。

2. 完善师资激励机制

通过将师资的培训效果与薪酬、晋升等挂钩,可以激发师资的内在动力,促使他们更加投入地参与到培训工作中。薪酬激励方面,可以设立与培训效果直接相关的奖金或津贴,如根据农民对培训的满意度、培训后的实际应用效果等指标,对表现优秀的师资进行奖励。这种物质上的激励能够直接提升师资的工作积极性,促使他们不断提升自身的培训能力。晋升激励方面,可以将培训效果作为师资晋升的重要考量因素。对于在培训工作中表现突出、取得显著成果的师资,可以给予优先晋升的机会,让他们在专业发展上获得更大的空间。这种晋升激励不仅能够提升师资的职业荣誉感,还能够吸引更多的优秀人才投身到农民培训事业中。此外,还可以建立师资的评价与反馈机制,定期对师资的培训效果进行评估,并将评估结果及时反馈给他们。

3. 提高师资队伍稳定性

确保师资队伍的稳定性,是提升培训质量和效果的基础,对此,可以采取签订长期合同的方式,明确师资的职责和权益,为师资提供稳定的职业保障。

这不仅有助于增强师资的归属感和责任感,还能降低师资流失率,确保培训工作的连续性和稳定性。同时,提供完善的福利待遇也是吸引和留住优秀师资的重要手段。合理的薪酬体系、良好的工作环境、丰富的职业发展机会等,都是提升师资满意度和忠诚度的关键因素。通过不断优化福利待遇,可以激发师资的工作热情和创造力,进一步提升培训质量。此外,还应建立健全师资队伍的激励机制,对表现优秀的师资给予表彰和奖励,鼓励他们在教学和科研方面取得更多成果。

(三)农民培训保障措施

1. 提高培训资金投入

加大对农民培训的资金支持力度,是确保培训工作顺利开展、提升农民技能水平的关键。资金的支持不仅为培训提供了必要的物质基础,还能够激发培训机构和师资的积极性,推动培训工作的不断创新与优化。在资金分配上,应注重优化培训资源配置,确保每一分钱都用在刀刃上。通过科学合理的资金分配,可以支持更多的优秀培训机构和师资参与到农民培训中来,提高培训的覆盖面和实效性。同时,资金的支持还可以用于改善培训设施、更新培训教材、引进先进的教学方法和技术手段,从而提升培训的整体质量。此外,资金的支持还应注重长期性和稳定性,确保农民培训工作能够持续、深入地开展。通过建立健全资金监管机制,确保资金使用的公开、透明和高效,让农民真正受益,推动农业生产的持续发展和农民收入的稳步提高。

2. 建立健全培训管理制度

完善培训管理制度的宗旨在于确保培训过程的规范化、制度化,从而保障培训工作的有序进行。完善培训管理制度,需要对培训项目的各个环节进行明确规定,包括培训计划的制订、培训内容的确定、培训师资的选拔、培训时间的安排以及培训效果的评估等。通过制定详细的制度和流程,可以确保培训工作的每个环节都得到有效控制,提高培训的规范性和科学性。同时,加强对培训项目的监督与评估也是提升培训质量的关键。通过对培训过程的全程跟踪和定期评估,可以及时发现培训中存在的问题和不足,并采取相应的措施进行改进。这种监督和评估机制不仅有助于确保培训工作的质量,还能为今后的培训工作提供有益的参考和借鉴。在完善培训管理制度的过程中,还应注重制度的灵活性和适应性。随着农业技术的不断发展和农民需求的不断变化,培训内容和方式也需要不断更新和调整。因此,培训管理制度应具备一定的灵活性和适应性,能够根据实际情况进行及时修订和完善。

3. 加强培训后期跟踪与支持

培训结束后,通过定期回访、电话询问或线上交流等方式,深入了解农民在生产实践中遇到的问题与挑战,及时为他们提供技术指导和帮助,可以有效解决他们在生产过程中遇到的困惑,提升他们的生产技能和管理水平。同时,建立健全农民互助平台,为农民之间的经验交流与分享提供便利,是促进农民自我发展的重要途径。通过互助平台,农民可以分享自己在生产过程中遇到的难题与解决方案,学习他人的成功经验,共同探索适合本地实际的农业生产模式和技术方法。这种基于实践经验的交流与学习,能够激发农民的创造力和创新精神,推动农业生产方式的不断创新与优化。此外,互助平台还可以成为农民获取信息、拓展市场的重要渠道。通过平台上的信息共享,农民可以及时了解市场动态、掌握新技术和新方法,为自身的生产和发展提供更多的机遇与可能。

第十一章　智慧生态农业赋能区域特色农产品发展

第一节　区域特色农产品的发展现状与机遇

一、发展现状分析

（一）产量与销售情况

我国地域辽阔，孕育了种类繁多的特色农产品，这些农产品不仅产量丰富，而且各具风味，是农业产业的重要组成部分。近年来，随着农业产业结构的不断优化和农村经济的蓬勃发展，特色农产品的产量有了显著提升，为农民增收和农村经济发展注入了新的活力。然而，在产量提升的同时，特色农产品的销售渠道和品牌影响力却未能同步发展，导致部分农产品面临销售困境。一方面，生产规模的扩大未能有效带动销售市场的拓展，部分农产品因缺乏稳定的销售渠道而积压，难以转化为经济效益；另一方面，品牌影响力的不足使得特色农产品在市场竞争中处于劣势，难以获得消费者的广泛认可和青睐。这种产量与销售之间的矛盾，不仅影响了农民的生产积极性，而且制约了农业产业的持续健康发展。因此，如何在提升产量的同时，拓宽销售渠道、增强品牌影响力，成为当前特色农产品发展面临的重要课题。

（二）市场需求与消费趋势

随着人们生活水平的不断提升，消费者对农产品的需求正经历着从数量向质量的深刻转变，这一转变体现在对绿色、健康、有特色的农产品日益增长的青睐上。这些农产品不仅满足了消费者对食品安全和健康生活的追求，也因其独特的风味和品质成为市场上的亮点。消费趋势的这一变化,为区域特色农产品的发展提供了广阔的空间。区域特色农产品因其独特的地域环境、种植方式和文化传统,往往具有不可复制的优势。它们不仅满足了消费者对新鲜、独特口味的需求,也带动了地方经济的发展,促进了农业结构的优化升级。与此同时,农产品生产者也在积极调整种植结构和生产方式,以适应市场需求的变化。他们开始注重农产品的品质和特色,通过引进新品种、改良种植技术、提高管理水平等方式,提升农产品的市场竞争力和附加值。这种转变不仅有助于农产品生产者获得更好的经济效益,还促进了农业生产的可持续发展。

(三)产业链条与利益分配

区域特色农产品的产业链条涵盖了从生产到加工、销售、物流等多个环节,每个环节都扮演着不可或缺的角色。然而,在这条产业链条中,利益分配不均的问题日益凸显,对农产品生产者的利益造成了不利影响。生产者作为产业链条的起点,承担着种植、养殖等繁重任务,但由于缺乏议价能力和有效的销售渠道,往往只能获得微薄的收益。相比之下,加工和销售环节的企业则凭借其在市场中的主导地位和品牌优势,能够获取更高的利润。这种利益分配的不均衡,不仅挫伤了生产者的积极性,也制约了整个产业链的可持续发展。为了促进产业链条的健康发展,必须优化利益分配机制,确保农产品生产者能够获得合理的收益。一方面,可以通过加强农产品品牌建设,提升农产品附加值,为生产者创造更多的利润空间。另一方面,可以推动产业链各环节之间的紧密合作,建立公平合理的利益共享机制,确保生产者能够分享到产业链增值的收益。

(四)资源利用与生态环境保护

区域特色农产品的生产依赖当地的自然资源和生态环境。这些独特的自然资源,如土壤、水源、气候等,为农产品赋予了独特的风味和品质。然而,在追求产量和经济效益的过程中,一些地区出现了资源过度开发和生态环境破坏的问题。为了实现区域特色农产品的可持续发展,必须加强对资源利用与生态环境的保护。这意味着在农产品生产过程中,要更加注重资源的合理利用,避免过度开采和浪费。同时,要积极推广绿色生产技术,如有机种植、生态农业等,这些技术有助于减少对环境的负面影响,提高农产品的生态价值。提高资源利用效率是实现可持续发展的关键。通过改进生产工艺、优化种植结构等方式,可以更有效地利用自然资源,减少浪费。此外,还应加强对废弃物的处理和利用,实现资源的循环利用,减轻对环境的压力。在农产品生产过程中,要确保生产与生态环境的和谐共生,这意味着要尊重自然规律,保护生物多样性,维护生态平衡。

二、机遇与挑战

(一)机遇

1. 国际市场需求

随着全球消费者生活水平的不断提高,对健康、绿色、有机食品的追求日益增强,这为我国的特色农产品在国际市场上开辟了广阔的发展空间。我国地域辽阔,各地独特的自然环境和气候条件孕育了众多品质上乘、口感独特的农产品。例如,浙江的龙井茶以其清香鲜爽、色泽翠绿而享誉世界;新疆的葡萄干则因日照充足、果肉饱满、甜度适中而备受青睐。这些特色农产品不仅在国内市场占有一席之地,更在国际市场上赢得了广泛的认可和赞誉。国际市场对健康、绿色、有机食品的需求增长,为我国特色农产品提供了巨大的市场机遇;越来越多的消费者开始关注食品的来源、生产方式以及营养成分,愿意为高品质、有特色的农产品支付更高的价格。这不仅为我国特色农产品带来了可观的经济收益,也提升了我国农产品的国际形象和品牌价值。

2. 跨区域合作与互利共赢

通过资源整合和优势互补,各地区能够实现互利共赢,共同促进区域特色农产品的发展。以广东与云南的合作为例,这一合作模式充分展现了跨区域合作的优势。广东作为经济发达、市场广阔的地区,拥有强大的消费能力和市场需求。而云南则以其独特的自然资源优势,盛产多种优质特色农产品。通过合作,广东的市场优势与云南的自然资源优势得以完美结合,为云南特色农产品的发展提供了广阔的市场空间和有力的支持。这种合作模式不仅有助于优化产业结构,还能显著提高农产品的附加值。在合作过程中,各地区可以充分发挥自身的优势,实现资源共享和优势互补,从而推动农产品产业的转型升级。同时,通过提升农产品的品质和特色,可以增加其市场竞争力,为消费者提供更多样化、更高品质的农产品。此外,跨区域合作还为区域特色农产品的发展创造了有利条件,通过合作,各地区可以共同打造农产品品牌,提升农产品的知名度和美誉度。

3. 现代农业技术与创新

现代农业技术的快速发展为区域特色农产品带来了前所未有的发展机遇。通过引进和应用先进的农业技术和管理方法,特色农产品的生产效率和品质得到了显著提升,同时生产成本得到了有效控制,使得这些农产品在市场上更具竞争力。先进的农业技术不仅提高了农产品的产量,还优化了农产品的品质。通过精准施肥、灌溉和病虫害防治等技术手段,特色农产品的生长环境得到了有效改善,从而提高了农产品的口感和营养价值。此外,现代农业技术还降低了农产品的生产风险,保障了农产品的稳定供应。在农产品加工、包装和营销等环节,农业创新同样发挥了重要作用。新型加工技术不仅延长了农产品的保质期,还丰富了产品的种类和口感。创新的包装材料和技术提高了农产品的运输效率和安全性,降低了损耗。而在营销方面,互联网和大数据技术的应用使得农产品能够更精准地触达目标消费者,提升了农产品的品牌知名度和市场占有率。

(二)挑战

1. 品牌建设与推广

尽管我国区域特色农产品蕴含着巨大的市场潜力,但在品牌建设和推广方面却面临着诸多挑战,这些挑战在一定程度上制约了农产品的进一步发展。农产品品牌意识的薄弱是当前面临的主要问题之一。许多农产品生产者对于品牌建设的重要性认识不足,缺乏长远的品牌战略规划。这导致市场上农产品品牌众多,但真正具有影响力和知名度的品牌却寥寥无几。消费者在面对琳琅满目的农产品时,往往难以区分其品质和特色,品牌认知度不高,使得优质农产品难以脱颖而出。与此同时,品牌推广手段的单一也是制约农产品发展的关键因素。传统的推广方式,如口碑传播、农贸市场销售等,虽然在一定程度上能够触达消费者,但缺乏有效的市场运作和现代化的营销手段。在信息时代,消费者获取信息的渠道日益多元化,而农产品品牌推广却未能充分利用这些新兴渠道,如互联网、社交媒体等,导致品牌知名度和影响力的提升受到限制。此外,农产品品牌建设还面临着标准化程度低、产品质量参差不齐等问题。由于缺乏统一的生产标准和质量控制体系,农产品在品质上难以保证一致性,这不仅影响了消费者的购买体验,也制约了品牌的长期发展。

2. 产品质量与安全问题

在生产、加工、储存、运输等各个环节中,任何不规范的操作都可能对农产品的质量和安全构成威胁。在农产品生产过程中,农药和化肥的过量使用是导致农产品质量下降和安全风险增加的主要原因之一。农药残留和化肥污染不仅会降低农产品的营养价值,还可能对人体健康造成潜在危害。因此,推广绿色农业技术,减少农药和化肥的使用量,是提高农产品质量和确保食品安全的重要途径。不规范的加工操作可能导致农产品受到二次污染,如细菌、霉菌等微生物的滋生,以及添加剂的过量使用等。因此,加强对农产品加工企业的监管,提高加工技术和设备的卫生标准,是保障农产品质量和安全的关键措施。此外,不当的储存条件可能导致农产品变质、发霉,而运输过程中的颠簸、挤压等则可能破坏农产品的完整性,增加污染风险。因此,建立完善的储存和运输体系,采用先进的储存技术和运输设备,是确保农产品在储存与运输过程中保持质量和安全的重要手段。

3. 农业劳动力结构与素质

在我国城市化进程不断加速的背景下,农村劳动力大量流向城市,导致农业劳动力结构出现了明显的失衡。这一变化不仅使得农村地区面临劳动力短缺的问题,还进一步加剧了农业劳动力整体素质的下滑。当前,农业劳动力普遍缺乏专业技能和创新能力,这成为制约农业生产力水平提升的关键因素,也极大地限制了区域特色农产品的发展。农业劳动力的素质直接影响到农业生产的效率和质量。由于缺乏必要的专业技能和知识储备,许多农民在生产过程中只能依靠传统的经验和方法,难以适应现代农业发展的要求。这不仅导致农业生产效率低下,还使得农产品的品质和特色难以得到充分发挥。同时,创新能力的不足也制约了农业劳动力在农产品开发和技术创新方面的潜力。在市场竞争日益激烈的今天,区域特色农产品的差异化竞争尤为重要。然而,由于农业劳动力缺乏创新意识和能力,难以开发出具有独特竞争力的农产品,使得农产品在市场上难以形成有效的竞争优势。

第二节　智慧农业在区域特色发展中的应用策略

一、区域特色发展对智慧农业的需求

(一)区域农业发展现状与特点

1. 地理环境与资源优势

我国地理环境多样,自然资源丰富,为区域农业的发展提供了得天独厚的条件。江南水乡,以其丰富的水资源和肥沃的土地,成为水稻种植和渔业发展的沃土,这里的水稻得益于湿润的气候和充足的灌溉条件,生长周期长,品质优良,同时,水乡地区的河网密布,为渔业发展提供了广阔的空间,使得水产品种类繁多,品质上乘。相比之下,西北地区则以其独特的光照条件和广袤的土地资源,成为特色林果业和畜牧业的重要基地。这里的光照充足,昼夜温差大,有利于水果糖分的积累,使得西北地区的葡萄、苹果等水果口感独特,品质卓越。同时,广阔的草原和适宜的气候条件也为畜牧业的发展提供了有力保障,使得牛羊肉等畜产品产量丰富,品质优良。这些地理环境与资源优势为智慧农业的发展奠定了坚实的基础。智慧农业通过应用现代信息技术和物联网技术,实现对农业生产环境的精准监测和智能管理,从而提高农业生产的效率和品质。在江南水乡和西北地区,智慧农业的应用可以进一步发挥当地的资源优势,提升农产品的市场竞争力,推动区域农业的可持续发展。

2. 农业产业结构与生产方式

在区域特色发展的战略引领下,各地依托自身资源和环境优势,逐步形成了各具特色的农业产业格局。东北地区凭借其肥沃的黑土地和适宜的气候条

件,成为我国粮食生产的重要基地。这里不仅粮食产量丰富,而且注重发展现代农业,通过引入先进的农业科技和管理模式,不断提升粮食生产的效率和质量,为国家粮食安全提供了坚实保障。与此同时,珠三角地区则凭借其独特的地理位置和市场优势,聚焦果蔬、花卉等高附加值产业。这里农业产业呈现出多元化、精细化的特点,不仅满足了市场对高品质农产品的需求,也带动了当地经济的持续发展和农民收入的稳步增长。此外,农业生产方式也在悄然发生着变革。智能化、精准化成为农业生产的新趋势,物联网、大数据、人工智能等现代信息技术的应用,为智慧农业的发展提供了广阔的空间。

(二)智慧农业在区域特色发展中的作用

1. 促进农业产业结构调整

借助大数据分析的强大功能,智慧农业能够精准捕捉市场需求的变化趋势,为农业生产提供科学指导。通过对市场需求进行深入分析,农业生产者可以更加准确地了解消费者的偏好和需求,从而有针对性地调整种植结构和生产策略,促进农业产业结构的优化升级。智慧农业不仅提升了农业生产的精准性和效率,还推动了农业与第二、第三产业的深度融合发展。在智慧农业的推动下,传统农业与旅游、文化、教育等产业实现了有机结合,催生了休闲农业这一新兴业态。休闲农业不仅为消费者提供了丰富的休闲娱乐选择,也带动了农产品销售和乡村经济发展,为农业产业注入了新的活力。此外,智慧农业还促进了农产品电商的快速发展。借助电商平台,农产品可以更加便捷地触达消费者,打破了地域限制,拓宽了销售渠道。农产品电商的兴起,不仅提升了农产品的市场竞争力,也为农业生产者带来了更多的收益,进一步推动了区域农业的发展。

2. 实现农业可持续发展

智慧农业以其资源节约和环境友好的特点,通过智能化技术的应用,使农业生产过程中的资源利用效率得到了显著提升。在水资源管理方面,智慧农业通过智能灌溉系统,根据作物的实际需求和土壤条件,精准控制灌溉量和灌溉时间,有效避免了水资源的浪费。这不仅提高了水资源的利用效率,还减少了因过度灌溉而导致的土壤盐碱化和地下水位的下降。在化肥和农药的使用上,智慧农业同样展现出了优势。通过精准施肥和无人机植保等技术,化肥和农药的用量得到了严格控制,降低了对环境的污染。同时,这些技术还能够提高农药和化肥的利用率,使得作物生长更加健康,产量和品质得到提升。此外,智慧农业还推动了农业废弃物的资源化利用。通过智能化处理设备,农业废弃物可以被转化为有机肥料或生物质能源,实现了废弃物再利用,减少了环境污染。

二、应用策略

(一)技术层面

在技术层面,智慧农业通过科学的规划和布局,实现对有限农业资源的合理高效配置,是提升农业生产效率的关键。利用现代信息技术,对农田水利设施、土地资源以及气候条件等进行综合评估,能够为农作物的种植提供更为精准的科学依据。这种基于数据的决策支持,使得农业生产在资源利用上更加精细化,有助于提升资源的利用效率。同时,智慧农业还强调对农业生物资源的保护和合理利用。结合地区特色,通过对农业生物资源的科学管理和利用,推动农业产业的升级和可持续发展。这不仅有助于保护生态环境,还能提升农产品的品质和特色,增强市场竞争力。在提升农业生产效率方面,智能化农业生产设备的引入发挥着重要作用。智能农机、无人机、自动化控制系统等现代化设备,能够在农业生产中实现精准作业,有效降低人力成本,提高农作物的产量和质量。这些智能化设备还能够对农作物的生长状况进行实时监测,为农业生产提供及时、准确的信息支持,确保农业生产过程的顺利进行。农业大数据平台作为智慧农业发展的重要支撑,通过收集、整合和分析农业产业链各环节的数据,为农业生产经营提供科学的决策依据。

(二)管理层面

在管理层面,建立健全农业信息化体系是推动智慧农业发展的关键所在。这需要企业、农业从业者以及相关机构共同努力,加强农业信息技术的研发与应用,构建完善的农业信息服务平台。这一平台应涵盖制度、市场、技术等多方面的信息服务,为农业从业者提供及时、准确的信息支持,增强农业生产的针对性和适应性。农业从业者的素质是智慧农业发展的重要基础,提升农业从业者的专业素养和技能水平,对于推动智慧农业的发展具有重要意义。因此,应加大对农业技术培训的投入力度,通过举办培训班、现场指导等多种形式,培养一批具备现代农业知识、掌握先进农业生产技术的新型农业从业者。这不仅有助于提升农业生产效率,还能增强农业从业者对智慧农业技术的接受度和应用能力。农业产业链的协同合作是提高农业产值和竞争力的关键环节,通过加强产业链各环节的衔接与配合,实现产、供、销一体化,可以有效降低生产成本,提高农产品的市场竞争力。同时,推动农业与第二、第三产业的融合发展,拓展农业产业链,增加农产品的附加值,也是提升农业整体效益的重要途径。

(三)创新与拓展层面

家庭农场、合作社、农业企业等新型经营主体的发展,不仅提升了农业生产的组织化程度,还有效促进了农业产业结构的调整。这些经营主体通常具备较强的市场意识和创新能力,能够更好地适应市场需求,推动农业生产向更高效、更智能的方向发展。农业循环经济是实现农业可持续发展的重要路径,通过推广农业循环经济模式,如秸秆还田、畜禽粪便资源化利用等,不仅可以有效减少农业面源污染,降低农业生产对环境的负面影响,还能提高农业资源的利用效率,改善农业生态环境质量。这种发展模式强调资源的循环利用和生态平衡,有助于构建绿色、低碳、循环的现代农业体系。此外,拓展农业的多功能性和延伸产业链是提高农业附加值的有效手段。发展休闲农业、农产品深加工等产业,不仅可以丰富农业的内涵和外延,还能拓展农业产业链,增加农产品的附加值。通过深入挖掘农产品的文化内涵和品牌价值,提升农产品的市场竞争力,从而实现农业产值的提升。同时,农业在生态、文化等方面的功能也应得到充分关注,它不仅具有生产功能,还承载着生态保护、文化传承等多重功能。

第三节　品牌塑造与营销的区域特色路径

一、特色农产品品牌塑造的区域特色路径

(一)基于地域文化的品牌定位

在智慧生态农业的推动下,特色农产品品牌塑造成为提升农产品市场竞争力的关键一环。明确品牌定位是品牌塑造的首要任务,而地域文化则是品牌定位的重要灵感来源和支撑。每个地区都有其独特的历史、风俗、艺术和传统,这些元素共同构成了丰富多彩的地域文化。深入挖掘这些地域文化特色,并将其融入品牌理念中,可以打造出具有独特魅力的品牌故事。通过讲述这些故事,消费者能够更加深入地了解产品的背景和价值,从而增强对品牌的认同感和忠诚度。在塑造品牌的过程中,需要提炼出能够代表地域特色的元素,这些元素可以来源于民间艺术、历史传说、自然风光等多个方面。例如,可以将当地的传统手工艺与农产品包装相结合,创造出具有地方特色的包装设计,或者将历史传说与产品特点相融合,形成独特的品牌故事和宣传点。这些元素的巧妙运用,不仅可以让品牌更加生动、有趣,还能增强品牌的记忆点,提高品牌的市场竞争力。同时,智慧生态农业为特色农产品品牌塑造提供了有力的技术支持。通过应用物联网、大数据、人工智能等先进技术,可以实现对农业生产过程的精准控制和智能化管理,从而提高农产品的品质和安全性。这些技术的应用,不仅有助于提升农产品的市场竞争力,还能为品牌塑造提供有力的支撑和保障。

(二)品牌视觉形象的创意设计

在塑造品牌视觉形象时,充分展现地域文化特色是首要原则。这一原则不仅赋予了农产品独特的文化内涵,还增强了品牌的辨识度和故事性。将地域元素如自然风光、民俗风情、传统图案等巧妙融入品牌的标志、包装等视觉元素中,不仅能让消费者感受到产品的地域归属感和文化深度,还能激发其购

买兴趣和情感共鸣。同时,设计的创新性也是不可忽视的要素。在智慧生态农业的推动下,特色农产品品牌应敢于打破传统束缚,勇于尝试新颖独特的设计风格。通过运用现代设计手法、色彩搭配、材质选择等,创造出既符合时代审美又富有品牌个性的视觉形象。这种创新不仅体现在外在形式上,更需深入品牌理念,使品牌视觉形象与品牌核心价值相契合,形成独特的品牌魅力。此外,视觉形象的统一性和辨识度是品牌建设中必须考虑的关键点。在智慧生态农业背景下,农产品品牌面临着更加激烈的市场竞争。一个统一且辨识度高的视觉形象,能够使品牌在众多竞争者中脱颖而出,便于消费者记忆和识别。因此,在品牌视觉形象的设计过程中,应注重整体风格的协调性和一致性,确保品牌标识、包装、广告等各个传播环节都能传递出统一的品牌形象。同时,通过巧妙运用色彩、字体、图形等设计元素,提高品牌的辨识度,让消费者在接触到品牌的第一眼就能迅速识别并产生深刻印象。

(三)品牌传播与推广策略

品牌传播与推广对于提升特色农产品品牌的知名度与市场份额具有举足轻重的作用,尤其在智慧生态农业的背景下,更需采取一系列创新策略来加强品牌的影响力。利用线上线下渠道的多元化品牌宣传活动是提高品牌曝光度的有效途径,其中,线上通过官方网站、电商平台等渠道,开展各类促销活动、限时优惠、直播带货等,吸引消费者的关注与参与。线下则可组织产品展销会、农事体验活动等,让消费者亲身体验农产品的魅力,加深对品牌的认知。结合地域文化特色,举办特色农产品推介会、品鉴会等活动,是增强消费者对品牌认同感的重要手段。通过展示农产品的地域特色、文化背景和生产过程,让消费者感受到品牌的独特魅力,从而增强对品牌的信任与喜爱。此外,鼓励消费者分享购买体验,通过消费者的真实反馈,以口碑传播的方式带动品牌推广。智慧生态农业背景下,农产品的高品质、健康属性更容易引发消费者的共鸣,形成良好的口碑效应。

二、特色农产品营销的区域特色路径

(一)市场细分与目标市场选择

为实现有效的市场细分,企业应深入分析地域文化、消费者需求和购买行为。地域文化的独特性为特色农产品品牌提供了丰富的文化内涵和市场定位依据。通过了解消费者对于农产品的偏好、购买动机和支付方式等,企业可以识别出不同消费群体之间的差异化需求。这些分析结果为市场细分提供了数据支持,使企业能够将市场划分为多个具有相似特征的消费群体。在选择目标市场时,企业应充分考虑自身的资源条件、产品特性和竞争优势。选择与品牌定位相符且潜力较大的目标市场,有助于企业集中资源,实现精准营销。例如,对于注重健康、追求高品质生活的消费群体,企业可以推出有机、绿色农产品,以满足其健康饮食的需求。然而,市场环境是不断变化的,消费者需求也在不断更新,因此企业需持续关注目标市场的动态变化,包括消费者偏好的转变、竞争对手的策略调整等。通过定期的市场调研和分析,企业可以及时发现市场变化,适时调整市场策略,确保品牌始终与市场需求保持同步。

(二)营销渠道的创新与拓展

在区域特色路径的引领下,企业应积极拥抱线上线下融合的多渠道模式,以智慧生态农业为驱动,全面拓宽销售路径。加强与实体零售商、批发商的合作是稳固传统销售渠道的关键。通过与这些传统渠道伙伴的紧密协作,企业能够确保特色农产品在各大超市、农贸市场等实体零售终端的广泛铺货,提高产品的市场可见度和消费者接触点,从而加深消费者对品牌的认知。同时,积极拓展电商平台、社交媒体等新兴渠道是顺应互联网发展趋势的必然选择。利用电商平台,企业可以打破地域限制,将产品销往全国乃至全球,实现销售网络的快速扩张。社交媒体则为企业提供了与消费者直接互动的平台,通过内容营销、直播带货等形式,企业能够更直观地展示产品特色,增强消费者的购买欲望。在此基础上,企业还可以尝试跨界合作和体验式营销等创新手段,进一步提升品牌形象和消费者体验。跨界合作能够借助合作伙伴的品牌影响力和资源优势,实现品牌价值的共同提升。体验式营销则通过让消费者亲身体验农产品的生产、加工过程,增强其对产品的信任感和忠诚度,从而转化为品牌的忠实拥趸。

(三)网络营销与社交媒体推广

智慧生态农业的兴起,更为这一进程注入了新的活力,企业可以利用官方网站、电商平台以及社交媒体等多元化渠道,高效发布产品信息,展示农产品的独特之处和背后的故事。这些平台不仅为消费者提供了便捷的购物体验,也成了品牌与消费者之间互动交流的重要桥梁。通过分享种植故事、生产过程、营养价值等内容,品牌能够深度触达消费者,建立情感连接,从而提高品牌的曝光度和影响力。大数据与人工智能技术的运用,为网络营销带来了革命性的变化。通过对消费者行为、偏好等数据的深度分析,企业能够精准定位目标消费群体,实现个性化推荐和精准营销。这不仅提高了营销效率,也满足了消费者日益增长的个性化需求,增强了品牌的吸引力。此外,网红、意见领袖等社交资源的加入,进一步拓宽了品牌传播的渠道。他们凭借自身的影响力和粉丝基础,能够帮助品牌快速扩大传播范围,提高消费者认知度。通过与这些社交资源的合作,品牌能够以更加生动、有趣的方式呈现产品,吸引更多潜在消费者的关注。

(四)基于顾客需求的营销策略创新

在智慧生态农业的赋能之下,通过深入的市场调研和消费者访谈,企业能够准确把握顾客的真实需求与偏好,挖掘出产品的独特卖点。这些宝贵的信息不仅为产品的定位与差异化提供了依据,也为营销策略的制定奠定了坚实基础。在此基础上,结合地域文化的深厚底蕴和产品自身的独特特性,企业能够制定出既符合市场需求又彰显品牌个性的差异化、个性化营销策略。顾客体验的提升是增强品牌忠诚度的关键,企业应注重服务的每一个细节,从售前咨询到售后保障,全方位提升顾客满意度。口碑营销和粉丝经济作为现代营销的重要手段,能够借助消费者的自发传播,形成强大的品牌效应。通过提供优质的产品和服务,激发消费者的口碑传播,吸引更多粉丝的关注和追随,从而进一步提升品牌的知名度和影响力。线上线下融合的营销模式是满足顾客多样化、个性化需求的有效途径,智慧生态农业背景下,企业应积极探索线上线下的无缝对接,实现线上线下的资源共享和优势互补。线上平台可以提供便捷的购物体验和丰富的产品信息,线下体验店则能让顾客亲身感受产品的魅力,增强品牌的信任感。

第十二章　智慧生态农业的可持续发展路径探索

第一节　智慧生态农业与可持续发展目标的契合

一、可持续发展目标简介

可持续发展目标(Sustainable Development Goals，简称SDGs)是联合国确立的全球性目标体系,旨在应对人类社会面临的多维度挑战,包括消除贫困、消除饥饿、增进健康福祉、确保优质教育、实现性别平等、推动清洁能源使用、应对气候变化等17个关键领域,目标是在2030年前取得显著进展。这一宏伟蓝图强调经济发展、社会公正与环境保护三者间的和谐共生,倡导全球性的综合可持续发展策略。在我国,可持续发展战略已成为国家发展的长期规划,而智慧生态农业作为农业现代化进程中的关键一环,与SDGs具有高度的契合性。智慧生态农业依托现代信息技术,如物联网、大数据、人工智能等,实现了农业生产管理的智能化与精细化。精准农业技术可以优化资源配置,减少水、化肥、农药等资源的浪费,提高农业生产效率,同时减轻对生态环境的压力,这与SDGs中关于资源高效利用和环境保护的目标不谋而合。此外,智慧生态农业还促进了农业产业的转型升级,为农村经济注入了新的活力。通过电商平台、社交媒体等渠道,农产品能够更便捷地走向市场,不仅增加了农民收入,还带动了农村物流、信息技术服务等新兴产业的发展,有助于缩小城乡差距,实现社会公平与包容性增长,这与SDGs中关于消除贫困、促进经济包容性增长的目标紧密相连。

二、智慧生态农业在实现可持续发展目标中的作用

(一)促进农业经济增长

智慧生态农业,作为现代农业发展的前沿模式,正逐步重塑农业生产的面貌。借助物联网、大数据、云计算等尖端技术,农业生产实现了前所未有的精准化管理,极大地提升了生产效率。在这一新兴模式下,农业生产不再局限于传统的耕种与收割,而是构建了一个集种植、养殖、加工、销售于一体的完整产业链。这一产业链的形成,不仅深化了农业生产的内涵,还为农业经济增长注入了强劲的动力。种植环节得以通过智能监控和数据分析实现精准灌溉、施肥,养殖环节利用物联网技术监测动物健康状况,及时调整饲养策略。加工与销售环节同样受益于大数据的支持,实现产品的精准定位和高效流通,满足市场的多样化需求。智慧生态农业还促进了农业产业结构的优化调整,通过对农业生产各环节的数据进行深度挖掘与分析,可以精准识别出高效益、高附加值的产业方向,引导资源向这些领域倾斜,从而优化资源配置,提高农业经济的整体效益。

(二)保障粮食安全

随着全球气候变化加剧和人口持续增长,粮食安全问题已成为国际社会普遍关注的焦点。智慧生态农业作为现代农业发展的新方向,通过科技创新,为解决这一挑战提供了有效途径。智慧生态农业利用物联网、大数据、人工智能等现代信息技术,实现了对农业生产环境的精准监测和智能管理。这不仅显著提高了农作物的产量和品质,还大幅度降低了农业生产过程中的资源消耗和环境污染。通过精确控制灌溉、施肥和病虫害防治,智慧农业系统能够优化资源利用,减少对化肥和农药的过度使用,从而保护生态环境,确保农产品的安全性和可持续性。此外,智慧生态农业的实时监测和预警系统,为农业生产提供了强大的技术支持。通过监测土壤湿度、气候条件以及病虫害发生情况,系统能够提前预警,帮助农民及时采取措施,有效预防自然灾害和病虫害的发生,保障粮食生产的稳定性。这种智能化的管理方式,不仅提高了农业生

产的抗风险能力,还减少了因灾害导致的粮食减产和损失。

(三)保护生态环境

智慧生态农业,作为一种前瞻性的农业发展模式,深刻体现了生态平衡和资源循环利用的理念。在这一模式中,生物防治和有机肥施用等环保措施被广泛采用,有效减少了化学农药和化肥的使用量,从而大幅度降低了农业面源污染。通过生物防治技术,农作物病虫害得到了有效控制,而无须依赖大量化学农药,这不仅保护了生态环境,还提升了农产品的安全性和品质。同时,智慧生态农业积极倡导绿色生产方式,致力于推广节能减排技术。在农业生产过程中,采用节能设备和技术,减少能源消耗,降低碳排放,为应对气候变化贡献力量。此外,智慧生态农业还注重提高农业废弃物的资源化利用水平,将原本被视为废物的秸秆、畜禽粪便等转化为有机肥料或生物质能源,实现了变废为宝,既减少了环境污染,又增加了对农业资源的有效利用。这些举措共同促进了农村生态环境的显著改善,为生态文明建设提供了有力支撑。智慧生态农业通过其独特的生态理念和技术手段,展现了农业与自然环境和谐共生的美好图景,为实现农业可持续发展和构建美丽宜居的乡村环境做出了积极贡献。

(四)提高农民生活质量

智慧生态农业的快速发展,不仅显著提升了农业生产的整体效益,还为农村地区带来了大量的就业机会。在这一新型农业模式下,农民可以参与种植、养殖、农产品加工及营销等多种经营活动,这不仅拓宽了他们的增收渠道,还促进了农业产业链的延伸和多样化发展。农民通过参与智慧生态农业的各个环节,能够利用现代科技手段提高生产效率,从而增加个人和家庭的经济收入。智慧生态农业还高度重视农民的技能培训和科技素质提升,通过组织专业培训、现场指导和在线教育等方式,农民能够学到最新的农业技术和管理知识,掌握智慧农业设备的使用和维护方法,逐步适应现代农业的发展需求。这种技能培训不仅增强了农民的自我发展能力,还激发了他们参与农业创新的积极性。随着农民生活水平和科技素质的不断提高,农村地区的基础设施和公共服务也得到了显著改善。智慧生态农业的发展带动了农村物流、信息技术、金融服务等配套产业的兴起,为农民提供了更加便捷的生活条件和更广阔的发展空间。这些变化进一步提升了农民的生活质量,促进了农村社会的全面进步。

三、智慧生态农业与可持续发展目标的契合点

(一)智慧生态农业促进资源高效利用

作为现代农业发展的高级形态,智慧生态农业通过深度融合物联网、大数据、人工智能等现代信息技术,实现了农业生产过程的精准管理和智能化控制。这一革命性的进步,为农业资源的高效利用开辟了新路径。智慧农业系统能够实时、精确地监测土壤湿度、养分含量以及气候条件,为农民提供科学决策的依据。基于这些数据,农民可以实施更为精准的灌溉、施肥和病虫害防治策略,有效避免了水、化肥和农药的过度使用。这种精细化管理方式,不仅显著提升了农作物的产量和品质,还大幅度降低了农业生产对环境的负面影响,完美契合了可持续发展的核心理念。智慧生态农业的推广,对于构建资源节约型和环境友好型的现代农业体系具有深远意义。它促使农业生产方式从粗放型向集约型转变,实现了农业资源的优化配置和高效利用。同时,智慧生态农业还推动了农业生产与生态环境的和谐共生,为农业可持续发展奠定了坚实基础。在全球可持续发展目标的大背景下,智慧生态农业的广泛应用,无疑为实现这一目标提供了强有力的技术支撑和路径选择。它展示了现代农业在保障粮食安全、促进农民增收、保护生态环境等方面的巨大潜力,为全球农业的绿色发展树立了典范。

(二)智慧生态农业助力生态环境保护

在传统农业实践中,化肥与农药的过量施用已成为土壤污染及水体富营养化的主要诱因,严重威胁着自然生态系统的平衡。智慧农业技术的引入,为这一难题提供了创新性的解决方案。精准农业管理系统,结合物联网与大数据分析,能够实时监测土壤养分状况与作物生长需求,从而精确调控施肥量与

种类,大幅减少了化肥的过度使用。同时,生物防治技术利用天敌、微生物等自然力量控制病虫害,有效替代了化学农药,降低了对环境的化学污染。智慧生态农业还倡导生态农业实践,如轮作休耕与有机耕作,这些措施不仅有助于恢复土壤结构,提升土壤肥力,还能促进生物多样性保护,构建更加稳定的农业生态系统。轮作休耕通过轮换作物种植与土地休养生息,减少了土壤病虫害积累,增强了土壤自我修复能力;有机耕作则强调使用天然肥料与生物方法管理农田,避免了化学合成物质对环境的破坏。通过智慧农业技术,农业活动得以在更加精细、科学的框架下运行,实现了对自然环境影响的最小化,确保了农业生产的可持续性。

(三)智慧生态农业促进农村经济可持续发展

借助智慧农业平台,农民能够便捷地获取市场动态信息,学习并掌握先进的农业技术,进而优化种植结构,有效增加农产品的附加值,切实提升自身的收入水平。智慧农业技术的应用,还极大地促进了农产品的品牌化和电商化发展。通过电商平台,农产品能够跨越地域限制,直接触达更广泛的消费者群体,从而拓宽了销售渠道,减少了中间环节,使农民能够更加直接地受益于市场需求的增长,实现收入的显著提升。此外,智慧生态农业的发展还带动了农村物流、信息技术服务等新兴产业的蓬勃发展。这些新兴产业的兴起,不仅为农村创造了更多的就业机会,还有力地推动了农村经济的多元化和转型升级。农民在参与这些新兴产业的过程中,不仅能够拓宽收入来源,还能够不断提升自身的技能水平,为农村经济的可持续发展注入新的活力。

第二节 生态农业资源的智慧保护与利用策略

一、生态农业资源合理规划与布局

(一)空间优化配置

在智慧生态农业的资源利用中,通过对农业资源实施科学合理的空间布局,各类资源的独特优势得以充分展现,进而推动农业综合效益的显著提升。空间优化配置的核心在于遵循生态优先、因地制宜、高效利用的原则。这意味着在规划农业生产布局时,需将生态环境保护置于首位,确保农业活动不对自然环境造成不可逆的损害。同时,根据地域特征、气候条件、土壤类型等自然条件,因地制宜地选择适宜的农作物种植与畜禽养殖模式,实现资源的最大化利用。现代信息技术与地理信息系统为空间优化配置提供了有力支撑,通过卫星遥感、无人机巡查、物联网监测等技术手段,农业生产要素如土地、水源、气候等得以精准定位与实时监测。在此基础上,地理信息系统能够综合分析各项数据,为农业生产提供科学的空间布局建议,确保资源在时间与空间上的合理配置,实现农业生产与生态环境的和谐共生。

(二)生态农业产业链构建

生态农业产业链,根植于生态农业的沃土,通过产业链的深入延伸、广泛拓展与持续优化,实现了农业资源的高效配置与农业产业的持久繁荣。在这一进程中,产业链各环节的协同发展显得尤为重要。农业龙头企业、合作社以及家庭农场等新型经营主体,成为推动生态农业产业链发展的核心力量。这些主体凭借其在技术、市场、管理等方面的优势,有效带动了整个产业链的升级与转型。它们不仅注重农产品的质量与安全,更致力于推动农业向高端、绿色、智能化的方向发展,为生态农业产业链注入了强劲的动力。

二、生态农业资源保护与恢复技术

(一)生物多样性保护技术

为保护自然资源,智慧生态农业采取了一系列生物多样性保护技术,并辅以宣传教育,以期实现生物多样性的有效维护与可持续发展。在技术应用方面,智慧生态农业注重设立自然保护区,为珍稀物种和生态系统提供安全的栖息地,减少人类活动对其的干扰。同时,实施生物多样性补偿机制,对受损的生态系统进行修复和补偿,确保生物多样性的恢复与增长。此外,开展生物多样性调查与监测,利用现代信息技术和地理信息系统,对物种分布、种群数量、生态系统健康状况等进行实时监测,为生物多样性的科学保护提供数据支持。在宣传教育方面,智慧生态农业强调增强农民的生物多样性保护意识。通过举办科普活动、发放宣传资料、开展培训等方式,向农民普及生物多样性保护知识,引导他们积极参与生物多样性保护行动,共同营造人与自然和谐共生的美好环境。

(二)土壤质量提升技术

在智慧生态农业的背景下,一系列土壤质量提升技术得到了广泛应用,为农业的可持续发展奠定了坚实基础。有机肥的施用是提升土壤质量的重要手段之一。有机肥富含有机质和多种营养元素,能够显著改善土壤结构,提高土壤的保水和保肥能力,为作物生长提供更为适宜的土壤环境。秸秆还田技术也是提升土壤质量的有效途径,通过将秸秆等农业废弃物还田,增加土壤的有机质含量,改善土壤的物理和化学性质,提高土壤的肥力和生产力。深松深耕技术则能够打破土壤的紧实层,增加土壤的通透性,促进根系的深扎和养分的吸收。这一技术有助于构建更为健康的土壤生态系统,为作物的生长提供更好的土壤条件。生物有机肥的应用结合了有机肥和微生物菌剂的优点,能够更有效地提升土壤质量,促进作物的生长和发育。

(三)水资源合理利用技术

为了提高水资源的利用效率并减少农业面源污染,智慧生态农业采用了一系列水资源合理利用技术。节水灌溉技术通过精确控制灌溉水量和灌溉时间,实现了对水资源的精准利用。这种技术不仅满足了作物的水分需求,还避免了水资源的浪费,显著提升了灌溉效率。雨水收集利用技术通过收集和利用雨水资源,为农业生产提供了额外的水源,进一步缓解了水资源短缺的问题。在水资源优化配置方面,智慧生态农业运用现代信息技术对水资源进行科学管理。通过实时监测和分析水资源状况,系统能够自动调整灌溉计划,确保水资源的合理分配与高效利用。这一做法不仅提高了水资源的利用效率,还有效减少了农业面源污染,维护了水生态环境的健康与稳定。

三、生态农业资源可持续发展模式

(一) 循环农业模式

循环农业模式,作为智慧生态农业的重要组成部分,通过优化农业产业结构,构建了一个闭环的农业生态系统,使得农业资源能够在系统内得到充分利用和循环流动。在循环农业模式中,农业废弃物成为宝贵的资源。通过先进的处理技术和工艺,这些废弃物被转化为有机肥料、生物质能源等,不仅减少了环境污染,还提高了资源的利用效率。这种变废为宝的方式,不仅降低了农业生产对环境的压力,还促进了农业产业的内部循环和可持续发展。同时,循环农业模式还注重农业产业结构的优化和升级。通过调整农作物种植结构、畜牧业养殖结构等,实现了农业资源的合理配置和高效利用。这种产业结构的优化,不仅提高了农业生产的效益,还增强了农业生态系统的稳定性和抗风险能力。

(二) 绿色农业模式

绿色农业模式通过一系列创新实践,实现了农业生产的绿色转型与可持续发展。在绿色生产技术方面,智慧生态农业注重采用生物防治、物理防控等绿色防控技术,有效减少了化肥和农药的使用量,降低了农业生产对环境的负面影响。同时,通过精准施肥、灌溉等智能化管理手段,提高了资源的利用效率,减少了资源浪费。在农产品质量提升方面,绿色农业模式强调从源头抓起,通过选用优质种子、优化种植结构、加强田间管理等措施,提升农产品的品质和安全性。智慧生态农业利用现代信息技术,对农产品生产全过程进行实时监测和追溯,确保农产品从田间到餐桌的每一个环节都符合绿色、安全的标准。此外,绿色农业模式还注重对农业废弃物的资源化利用,通过堆肥发酵、生物质能源开发等方式,将农业废弃物转化为有价值的资源,实现了农业废弃物的减量化、资源化和无害化处理。

(三) 低碳农业模式

低碳农业模式,作为智慧生态农业的重要组成部分,以降低农业生产过程中的碳排放为核心目标,致力于实现农业生产与生态环境的和谐共生。该模式强调技术创新与产业结构调整的重要性。通过引入先进的农业技术和设备,如智能传感器、精准施肥灌溉系统等,实现了农业生产的精准化管理,大幅度降低了能耗和排放。同时,低碳农业还注重产业结构的优化,推动农业向更加环保、高效的方向发展。在低碳农业模式下,农业生产过程中的废弃物得到了充分利用。通过采用生物防治、有机肥施用等环保措施,减少了化学农药和化肥的使用量,降低了农业面源污染。此外,农业废弃物如秸秆、畜禽粪便等也被转化为有机肥料或生物质能源,实现了资源的循环利用。低碳农业模式的推广和应用,不仅有助于降低农业生产对环境的压力,还促进了农业产业的转型升级和可持续发展。

第三节 节能减排技术在农业生产中的应用实践

一、农田水利领域的节能减排技术

(一)灌溉节水技术

在智慧生态农业的实践中,灌溉节水技术通过引进先进的智能化灌溉系统,使农业生产得以更加高效、节水地进行。滴灌与喷灌等智能化灌溉系统,以其精准的灌溉方式,显著提高了灌溉水的利用效率。这些系统能够根据作物的实际需水量,将水分直接输送到作物根部或叶片,避免了传统灌溉方式中对水资源的浪费。同时,智能化灌溉系统还能够根据作物的生长周期和土壤条件,自动调节灌溉量和灌溉频率,确保作物在生长过程中得到充足的水分供应,同时减少不必要的灌溉。此外,智慧生态农业还充分利用土壤湿度传感器和气象数据监测等先进技术,实现了精准灌溉。

(二)农田排水节能技术

一个高效、节能的排水系统不仅能够保障农作物的健康生长,还能促进农业资源的合理利用与环境保护。在智慧生态农业的实践中,节能型排水设备的应用成为降低排水能耗的关键。低耗能水泵以其出色的能效比,显著减少了排水过程中的能源消耗。同时,智能控制系统的引入,更是实现了排水作业的精准化、自动化管理。通过实时监测土壤湿度、地下水位等关键数据,智能系统能够自动调节水泵的运行状态,确保排水作业既高效又节能。除了选用节能设备外,优化排水系统的设计同样至关重要。科学规划排水沟道布局、合理确定排水标准和排水模数等措施,可以显著提高排水效率,减少不必要的能源消耗。同时,结合现代农业技术,如精准农业、物联网等,还可以实现排水系统的远程监控与智能调度,进一步提升排水作业的智能化水平。

(三)水肥一体化技术

水肥一体化技术巧妙地将灌溉与施肥过程相结合,通过先进的灌溉系统,直接将肥料与水分一起输送到作物的根部区域。这种精准的施肥方式,极大地提高了肥料的利用率。相比传统的人工或机械施肥方法,水肥一体化技术能够确保肥料在作物最需要的时候和地点被吸收,从而减少了化肥的浪费。这不仅节省了宝贵的化肥资源,还降低了农业生产成本。同时,水肥一体化技术对于减少农业面源污染也具有重要意义。在传统施肥方式中,化肥容易通过雨水径流或渗透进入水体,造成环境污染。而水肥一体化技术通过精确控制肥料的施用量和施用位置,有效减少了化肥对环境的潜在威胁,保护了生态环境的健康。此外,水肥一体化技术还促进了农业生产的节能减排。通过优化灌溉和施肥过程,该技术减少了农业生产中的能源消耗和碳排放,为农业可持续发展提供了有力支持。

二、农业机械化的节能减排技术

(一)高效节能农业机械

高效节能农业机械在智慧生态农业中发挥着举足轻重的作用。通过优化设计,高效节能农业机械显著提升了作业效率,并大幅度降低了能耗。这些机械采用了多种先进技术,旨在实现农业生产的绿色、高效与智能化。节能型发动机通过采用先进的燃烧技术和材料,能够在保证动力的同时,大幅度降低燃油消耗,减少了有害气体的排放。这不仅有助于降低农业生产成本,还促进了环境的可持续发展。减阻轮胎也是高效节能农业机械的重要组成部分,通过优化轮胎结构和材料,减小了轮胎与地面的摩擦阻力,从而降低了机械运行时的能耗。这一设计不仅提高了农业机械的行驶效率,还延长了轮胎的使用寿命。此外,智能化农业机械能够利用传感器、物联网等技术,实时监测作物生长状况和土壤条件,并根据这些信息自动调整作业参数。这种智能化的作业方式,不仅提高了农业机械的能源利用率,还实现了农业生产的精准化管理,为农业生产的可持续发展提供了有力支撑。

(二) 农业废弃物利用技术

通过采用生物发酵、厌氧消化等先进技术,农业废弃物如秸秆、畜禽粪便等得以转化为有机肥料或生物质能源,实现了废弃物的高效利用与环境的双重保护。生物发酵技术利用微生物的代谢作用,将农业废弃物中的有机物质转化为富含营养的有机肥料。这种肥料不仅含有丰富的有机质和微量元素,能够改善土壤结构,提高土壤肥力,还能够促进作物的健康生长,减少化肥的使用量,从而降低农业生产对环境的污染。厌氧消化技术则是一种将农业废弃物转化为生物质能源的有效方法。通过在无氧条件下对废弃物进行发酵,可以产生沼气等可再生能源,用于发电、供暖等用途。这不仅减少了化石能源的消耗,还降低了温室气体排放,为应对气候变化做出了贡献。同时,农业废弃物的资源化利用还减少了废弃物对环境的污染。传统的废弃物处理方式往往会对环境造成二次污染,而资源化利用则能够将废弃物转化为有价值的资源,实现了废弃物的减量化、资源化和无害化处理。

(三) 电动农业机械

电动农业机械以其零排放、低噪声、高效节能等优点,成为智慧生态农业的重要组成部分。电动农业机械的零排放特性,意味着它们在使用过程中不会产生有害气体和污染物,从而大大减轻了农业生产对环境的负担。这一特点不仅符合当前全世界倡导的绿色低碳发展理念,也为实现农业生产的可持续发展提供了有力支持。同时,电动农业机械的低噪声设计,使得它们在作业过程中能够减少对周边环境的噪声污染,为农民创造了更加舒适、宁静的工作环境。此外,电动农业机械的高效节能性能,也使其在农业生产中具有了更高的能源利用率。通过优化电池技术和电机控制策略,电动农业机械能够在保证作业效率的同时,大幅度降低能耗,从而降低农业生产成本。

三、农业生物技术的节能减排应用

(一)转基因技术

在智慧生态农业的广阔领域中,转基因技术以其独特的优势,为降低农业生产过程中的能源消耗和环境污染提供了有力支持。转基因技术通过基因重组的方式,能够精准地改良作物的遗传特性,培育出具有抗逆性、抗病虫害等优良性状的转基因作物。这些作物在生长过程中,对病虫害的抵抗力显著增强,从而大幅减少了农药的使用量。农药和化肥的减少使用,不仅降低了农业生产成本,还显著减轻了农业生产对环境的污染。农药的残留问题一直是农业生产中的一大难题,而转基因作物的推广则有效缓解了这一问题。此外,化肥的过度使用往往会导致土壤退化、水体污染等环境问题,而转基因作物的抗逆性则有助于减少化肥的使用量,从而保护生态环境。

(二)抗逆性品种选育

在智慧生态农业的发展浪潮中,抗逆性品种的选育不仅有助于降低农业生产对化肥和农药的依赖,还能在节能减排方面发挥重要作用。抗逆性品种是指那些在干旱、盐碱、病虫害等逆境条件下仍能保持较高产量和品质的作物品种。通过科学的选育方法,可以培育出具有更强抗逆性的作物品种,使它们在面对气候变化带来的挑战时,能够保持稳定的生长和产量。抗逆性品种的选育,减少了农业生产对化肥和农药的过度依赖。传统的农业生产方式往往需要大量的化肥和农药来保证作物的产量和品质,但这不仅增加了农业生产成本,还对环境造成了严重的污染。而抗逆性品种由于具有较强的自我防御能力,能够在一定程度上减少病虫害的发生,从而降低了农药的使用量。同时,它们对土壤肥力的要求也相对较低,减少了化肥的施用量。此外,抗逆性品种的选育还有助于实现节能减排。由于这些品种能够在逆境条件下保持稳定的生长,因此减少了因作物减产而带来的额外能源消耗和碳排放。

(三)生物农药与生物肥料

在智慧生态农业的实践中,生物农药与生物肥料以其环境友好、高效、低毒的特性,成为替代化学农药和化肥的重要选择,为实现农业生产过程中的节能减排提供了有力支持。生物农药主要利用微生物、植物源、动物源等天然物质,通过其生物活性成分对病虫害进行防治。与化学农药相比,生物农药具有更高的安全性和选择性,能够在有效控制病虫害的同时,减少对环境的污染。此外,生物农药的残留量低,对农产品的品质和安全性不构成威胁,有利于保障消费者的健康。生物肥料则利用微生物的代谢活动,将有机物质转化为作物可吸收的营养物质,促进作物的生长和发育。与化肥相比,生物肥料不仅含有丰富的有机质和微量元素,还能改善土壤结构,提高土壤的肥力和保水能力。这不仅减少了化肥的使用量,还降低了农业生产对环境的负面影响。通过采用生物农药与生物肥料,智慧生态农业实现了对化学农药和化肥的有效替代,降低了农业生产过程中的环境污染。

第四节 生态修复与智慧农业的结合路径

一、生态修复技术在智慧农业中的应用

(一)生物技术的应用

借助基因编辑、组织培养等现代生物技术手段,科研人员成功培育出了一系列具有抗逆性、耐盐碱、抗病虫害等优良特性的作物品种。这些新品种不仅在农业生产中展现出卓越的性能,更在生态修复领域发挥着举足轻重的作用。在盐碱地、荒漠化等生态脆弱区域,这些具有抗逆性的作物品种成为植被恢复的重要力量。它们能够在恶劣的环境条件下顽强生长,有效防止土壤侵蚀,改善土壤结构,提高土地利用率。这不仅有助于恢复生态环境,还为当地经济发

展提供了新的增长点。同时,生物技术也为微生物资源的开发提供了广阔空间。科研人员通过筛选具有特定功能的微生物,如固氮菌、解磷菌等,用于土壤改良和作物生长促进。这些微生物能够显著提高土壤的肥力,促进作物的健康生长,实现生态系统的自然平衡。在智慧生态农业的背景下,生物技术的应用不仅推动了作物品种的改良和微生物资源的开发,还为生态修复提供了新的解决方案。通过科学合理地利用生物技术,智慧生态农业能够在保护生态环境的同时,实现农业生产的可持续发展。

(二)生态工程技术的应用

生态工程技术,作为生态学原理与工程技术融合的产物,为智慧生态农业的发展提供了有力的技术支持。在智慧农业的广阔舞台上,生态工程技术以其独特的优势,在农田水利、水土保持、农田景观设计等多个领域发挥着重要作用。在农田水利方面,生态工程技术通过巧妙设计,实现了水资源的有效利用与保护。梯田作为一种典型的生态工程措施,通过其独特的层级结构,不仅有效减缓了水流速度,减少了水土流失,还提高了土壤的保水能力,为农作物的生长提供了稳定的水源。同时,水土保持林的种植,进一步增强了土壤的稳定性,减少了因降雨冲刷而造成的土壤侵蚀。在水土保持领域,生物梯田等生态工程措施同样展现出了显著的效果。这些措施通过模拟自然生态系统的结构,利用植物根系固定土壤,减缓水流速度,实现了水土流失的有效控制。此外,它们还能促进土壤微生物的繁殖,提高土壤的肥力,为农作物的生长创造更加有利的条件。在农田景观设计方面,生态工程技术也发挥了重要作用。通过构建生物多样性保育区,为野生动物提供了适宜的栖息地,促进了农田生态系统的稳定与和谐。这些保育区的建立,不仅丰富了农田景观的多样性,还增强了生态系统的自我调节能力,为智慧生态农业的可持续发展奠定了坚实基础。

(三)土壤修复技术的应用

在智慧生态农业的框架下,土壤修复技术成为提升土壤质量、保障农业可持续发展的关键手段。物理修复方法,如深翻、松土等,通过机械手段改善土

第十二章 智慧生态农业的可持续发展路径探索

壤的物理结构,增强土壤的通气性和保水性。深翻作业能够打破土壤板结,促进土壤层次混合,提高土壤中的氧气含量,有利于根系生长和微生物活动。松土能增加土壤的疏松度,减少水分蒸发,为作物生长创造更加适宜的环境。化学修复方法侧重于通过施用有机肥、土壤调理剂等投入品,调整土壤的酸碱度,补充土壤养分,提升土壤肥力。土壤调理剂能针对性地解决土壤酸碱失衡、养分缺乏等问题,促进土壤生态平衡的恢复。生物修复方法利用植物、微生物等生物资源,对受污染的土壤进行修复。植物修复通过种植特定的植物,利用植物对污染物的吸收、转化或固定作用,降低土壤中的污染物含量。微生物修复利用微生物的代谢活动,降解土壤中的有害物质,恢复土壤的生态功能。

(四)水资源合理利用与调控技术的应用

水资源作为农业生产的基石,其合理利用与调控技术,不仅关乎农业生产的效率与质量,更对生态修复具有深远意义。在智慧农业实践中,节水灌溉技术如滴灌、喷灌等得到了广泛应用。这些技术通过精确控制灌溉水量和灌溉时间,实现了农业用水的精细化管理,显著提高了水资源利用效率,有效减少了水资源的浪费。相较于传统灌溉方式,节水灌溉技术不仅节约了水资源,还促进了作物的健康生长,提高了农产品的产量和品质。为了更科学地管理水资源,智慧农业还引入了水文模型、遥感技术等先进手段。这些技术能够实时监测和预测水资源的变化情况,为农业灌溉提供精准的数据支持。通过综合分析土壤湿度、降雨预报等信息,灌溉决策得以更加科学、合理,进一步提升了水资源的利用效率。此外,水资源调控技术还包括湿地建设、水源涵养林营造等生态修复措施。湿地作为自然界中重要的水循环系统组成部分,具有净化水质、调节洪水、维持生物多样性等多重功能。通过人工湿地建设,可以模拟自然湿地的生态功能,有效改善水质,提高水资源的可利用性。同时,水源涵养林的营造则能够增强土壤对水分的保持能力,减少地表径流,维护水生态系统的稳定。

二、智慧农业在生态修复中的作用与路径探索

(一)智慧农业在提高生态系统服务功能中的作用

智慧农业作为一种创新的农业生产模式,深度融合了物联网、大数据、云计算等现代信息技术,为农业生态环境的实时监测与管理提供了强有力的技术支撑。在智慧生态农业体系中,农田生态环境的实时监测得以实现。通过物联网传感器网络,农田的土壤湿度、温度、光照强度、空气质量等关键生态参数被实时采集,并通过大数据平台进行分析处理。这些翔实的数据为农业生态环境管理提供了科学依据,使得农业生产者能够及时了解农田生态环境的状况,并采取相应的管理措施。精准施肥、灌溉和病虫害防治是智慧农业减少农业面源污染、提高土壤质量的重要手段。通过智能灌溉系统和精准施肥技术,农业生产者能够根据实际需求,精确控制灌溉水量和施肥量,避免资源的浪费和环境的污染。同时,利用生物防治和物理防治等绿色防控技术,有效控制病虫害的发生,减少对化学农药的依赖,保护生态系统的健康。智慧农业还强调农业与生态环境的协调发展。通过优化农业产业结构,智慧农业促进了农作物种植、畜牧业养殖、渔业生产等农业各产业之间的协调发展,提高了农业生态系统的多样性。

(二)智慧农业在促进生态修复过程中的路径探索

生态农业模式的广泛推广,成为智慧农业促进生态修复的重要基石。这一模式强调绿色、低碳、循环的生产方式,通过优化种植结构、推广有机耕作、减少化学肥料和农药的使用等措施,有效降低了农业生产对生态环境的负面影响,为生态系统的自我修复提供了有利条件。智能监测与控制系统的应用,为农田生态环境的精细化管理提供了有力支持。借助物联网、大数据、人工智能等先进技术,系统能够实时监测农田的土壤湿度、养分含量、病虫害状况等关键生态指标,及时发现并解决潜在的生态问题。这种精细化管理不仅提高了农业生产的效率和质量,还有助于维护农田生态系统的平衡与稳定。同时,智慧农业还积极引入生物技术、生态工程技术等前沿科技,为生态修复注入了

新的活力。通过基因编辑、微生物菌剂、生态修复材料等技术的创新应用,智慧农业能够针对性地解决农田土壤污染、水土流失等生态问题,促进生态系统的快速恢复与提升。这些先进技术的引入,不仅提高了农业生态环境的质量,还为农业生产的可持续发展提供了有力保障。

(三)智慧农业与生态修复相结合的关键技术

借助无人机、遥感等高科技手段,农田生态环境的各项参数得以实时监测,包括土壤湿度、养分状况、空气质量以及生物多样性等。这些精准的数据为生态修复方案的制定提供了科学依据,确保了修复措施的有效性和针对性。智能灌溉技术是提升水资源利用效率、促进生态修复的重要手段,该技术根据作物的生长需求以及环境条件的实时变化,自动调节灌溉水量和频率,实现了精准灌溉。这不仅避免了水资源的浪费,还有助于维持农田生态系统的水文平衡,促进土壤健康和生物多样性。生物技术在智慧农业与生态修复的结合中发挥着不可替代的作用,通过利用微生物、植物等生物资源,可以修复受损的农业生态环境,如恢复土壤肥力、净化水质等。生物技术的应用,既增强了生态系统的自我修复能力,又减少了化学物质的使用,降低了环境污染。生态工程技术则是构建稳定、抗灾农业生态系统的关键。通过设计生态沟渠、梯田等工程设施,可以有效控制水土流失,提高农田的保水保肥能力。这些工程设施还促进了生态系统的物质循环和能量流动,增强了农业生态系统的稳定性和抗灾能力。

第五节 智慧生态农业的可持续发展模式的构建

一、智慧生态农业可持续发展模式的构建

(一)模式构建的理论基础

生态学原理为农业生态系统提供了自我调节与自我修复的理论框架,强调生态平衡与生物多样性保护的重要性。农业科学贡献了对作物生长规律、

土壤管理、病虫害防治等方面的深刻理解,确保农业生产的高效与稳定。信息科学,特别是物联网、大数据与人工智能技术的引入,为农业生态系统的实时监测、精准管理与决策支持提供了强大工具。在这一综合理论指导下,智慧生态农业致力于将农业产业链与生态系统实现无缝对接。通过精准农业技术的应用,如智能灌溉、变量施肥、病虫害远程监测等,实现了资源的高效利用与精准管理,减少了化肥农药的过度使用,保护了生态环境。

(二)生态系统与农业产业链的整合

生态系统与农业产业链的整合,构成了智慧生态农业可持续发展的核心动力,在这一创新模式下,农业生产、加工、销售等各个环节与生态环境实现了深度融合,共同构建了一个循环、低碳且高效的农业发展新体系。该模式强调对产业结构的优化升级,通过科学规划和管理,确保农业生产过程中的资源得到充分利用,同时减少对环境的不良影响。在农业生产环节,注重推广绿色种植和养殖技术,减少化肥和农药的使用,保护生物多样性,维护生态平衡。在加工环节,采用先进的加工技术和设备,提高农产品的附加值,同时减少能源消耗和废弃物排放,实现资源的循环利用。在销售环节,智慧生态农业充分利用互联网和大数据技术,建立起与消费者紧密联系的销售网络,实现农产品的精准营销和快速流通。这不仅提高了农产品的市场竞争力,还促进了农业产业链上下游的紧密合作,形成了良性循环。

(三)可持续发展评价体系的构建

在智慧生态农业的可持续发展进程中,构建一套科学、全面的评价体系,其宗旨在于通过多项指标,客观、准确地评估智慧生态农业的发展成效,为持续优化和改进提供坚实的数据支撑。评价体系应涵盖资源利用效率这一核心方面,包括水资源、土地资源、能源等关键资源的节约与高效利用情况。通过量化分析,可以直观展现智慧生态农业在提升资源利用效率方面的实际效果。生态环境保护也是评价体系不可或缺的一环,包括生物多样性保护、土壤质量改善、水体净化等生态修复与保护成效,以及温室气体排放、农业废弃物处理等方面的环境友好性评估。这些指标共同反映了智慧生态农业在维护生态平衡、促进环境可持续发展方面的贡献。农业经济效益同样是衡量智慧生态农业发展的重要项目,通过考察农产品产量、品质提升、市场竞争力增强以及农民收入增加等经济指标,可以全面评估智慧生态农业在提升农业生产效益、促进农民增收方面的实际效果。

二、智慧生态农业的关键技术与发展策略

(一)生态农业资源循环利用技术

生态农业资源循环利用技术,是通过科技创新,推动农业废弃物减量化、无害化和资源化利用的重要手段。农作物秸秆、畜禽粪便等有机废弃物,在智慧生态农业中得到了全新的利用。厌氧发酵技术,通过微生物在无氧环境下的代谢作用,将这些废弃物转化为沼气等清洁能源,既解决了废弃物处理问题,又提供了可再生能源。而好氧堆肥技术,则利用微生物在有氧条件下的分解作用,将废弃物转化为优质有机肥料,回归农田,实现了资源的循环利用。此外,智慧生态农业还注重农业土壤、水资源等自然资源的保护与循环。通过精准灌溉、节水农业等措施,提高了水资源的利用效率,减少了浪费。

(二)农业生物多样性保护与利用技术

在智慧生态农业的发展中,保护与利用农业生物多样性成为一项重要任务。作物遗传资源保存是农业生物多样性保护的核心内容之一,通过收集、保存和研究丰富的作物遗传资源,可以确保农作物品种的多样性和适应性,为应对气候变化、病虫害等挑战提供宝贵的基因资源。生物多样性功能强化侧重于提升农田生态系统的整体功能,通过优化作物种植结构、引入有益昆虫和微生物、恢复农田自然生态等方式,可以增强农田生态系统的自我调节能力和稳定性,提高农作物的产量和品质。针对因过度耕作、污染等因素导致的农田生态系统退化问题,采取植被恢复、土壤改良、水土保持等措施,可以有效恢复农田生态系统的结构和功能,为农业可持续发展提供有力支撑。

(三)智能化农业设备与控制系统

1. 智能监测

智能监测技术在智慧生态农业中的应用,通过在农田中安装各类传感器,如土壤湿度传感器、温度传感器、光照强度传感器等,可以实时监测作物生长过程中的关键环境参数。这些传感器如同农田的眼睛,捕捉着每一寸土地、每一株作物的细微变化。与此同时,无人机技术的加入,更是将监测范围扩大到了农田的每一个角落。无人机搭载的高清摄像头和多光谱传感器,能够从空中俯瞰整个农田,捕捉到作物生长的宏观景象,同时分析作物的健康状况、生长速度等信息。这些实时收集的数据,经过智能分析系统的处理,转化为对农业生产具有指导意义的精准信息。农民可以通过手机、电脑等终端设备,随时查看农田的实时状况,了解作物的生长需求和环境变化。这为他们制定合理的农业生产措施提供了科学依据,如调整灌溉量、施肥计划、病虫害防治策略等。

2. 自动控制

自动控制技术基于智能监测系统实时收集的数据,对农田灌溉、施肥、病虫害防治等关键环节实施自动化管理,从而极大地提升了农业生产的效率和精准度。在农田灌溉方面,自动控制技术能够根据土壤湿度、作物生长阶段及天气状况等因素,智能调节灌溉水量和频率,确保作物得到适量的水分供给,同时避免水资源的浪费。施肥管理同样受益于自动控制技术的应用,通过监测土壤养分含量和作物营养需求,系统能够精确计算施肥量和施肥时间,实现精准施肥,提高肥料利用率,减少环境污染。在病虫害防治方面,自动控制技术结合智能识别技术,能够实时监测作物病虫害的发生情况,及时预警并采取防治措施,如释放天敌、喷洒生物农药等,有效控制病虫害的蔓延,保障作物的健康生长。

3. 无人化操作

无人化操作技术正逐步改变着传统农业的生产模式。无人驾驶拖拉机、植保无人机等先进设备的广泛应用,标志着农田作业正向着无人化、智能化的方向迈进。无人驾驶拖拉机,通过集成先进的自动驾驶系统和智能控制技术,能够在没有人工操作的情况下,按照预设的路线和作业要求,自动完成耕地、整地、播种、施肥、收割等一系列农田作业。这不仅显著提高了农业生产效率,还降低了劳动强度,使得农业生产更加便捷高效。植保无人机则以其独特的优势,在农作物病虫害防治方面发挥着重要作用。它们能够携带农药或肥料,按照规划好的航线,对农田进行精准喷洒。这种作业方式不仅提高了喷洒效率,还减少了农药的浪费和环境污染,保护了生态环境。

参 考 文 献

[1]夏如松,皮永生,孙小丽.从生存经济到生态经济:山地智慧生态农业系统设计实践与研究[J].生态经济,2024,40(12):108-117.

[2]张耘堂.智慧农业的技术伦理风险与治理[J].自然辩证法研究,2024,40(09):91-98.

[3]王雁翔,罗淋元,王定春.生态环境与智慧农业气象服务"双向奔赴"[J].村委主任,2024,(15):86-88.

[4]崔建升.发挥龙头企业示范引领作用促进生态低碳农业发展[J].乡音,2024,(07):12.

[5]王静晓.河南小农户参与农业智慧化生产的意愿影响因素研究[D].河南农业大学,2024.

[6]张明明.共同富裕背景下农业生产力重塑研究[D].西南财经大学,2024.

[7]曹卉,李红玲,赵冉.基于物联网数字农业的生态智慧农场平台设计[J].丝网印刷,2024,(06):100-102.

[8]何念.贵州少数民族农业谚语的生态智慧及价值[J].辽宁农业职业技术学院学报,2024,26(02):5-9.

[9]卢兵友.智慧生态农业特征剖析[J].中国农村科技,2024,(02):8-12.

[10]吕锟.智慧农业技术在农作物土壤保护中的应用研究[J].棉花科学,2023,45(02):30-32.

[11]卿松.考虑低碳生态与生物质能协同的智慧农业园区优化运行研究[D].西安理工大学,2023.

[12]陈健,高歌韵函,吕海燕,等.智慧农业背景下农业生态园的建设现状研究——以增城创鲜智慧农业示范园为例[J].生态经济,2023,39(05):140-147.

[13]潘丽娅."让天下没有难种的地"访科芯(天津)生态农业科技有限公司创始人胡建龙[J].求贤,2022,(12):40-41.

[14]宣凯.智慧生态农业发展战略研究[J].智慧农业导刊,2022,2(23):1-3.

[15]焦红,杨瑞雪.现代智慧生态农业:未来30年中国农业方略[N].农民日报,2022-06-23(008).

[16]车蓉.基于智慧农业理念与生态系统服务评估的农业观光园规划研究[D].贵州大学,2022.

[17]刘旭,李文华,赵春江,等.面向2050年我国现代智慧生态农业发展战略研究[J].中国工程科学,2022,24(01):38-45.

[18]赵峰.发展生态智慧农业[J].中国科技投资,2021,(19):83+85.

[19]侯文静.智慧农业模式下龙德李休闲农业园规划与设计[D].大连工业大学,2021.

[20]兰玉彬,赵德楠,张彦斐,等.生态无人农场模式探索及发展展望[J].农业工程学报,2021,37(09):312-327.

[21]郭连伟."智"绘农业新图景[J].河北农业,2021,(04):26-27.

[22]邢献芳,王玉彩.人工智能背景下的智慧生态农业发展模式——评《智能农业——智能时代的农业生产方式变革》[J].热带作物学报,2021,42(01):329.

[23]曹蓉.常州智慧型生态农业旅游发展策略研究[J].现代农村科技,2020,(11):5-6.

[24]韩锐,程杰顺.浅析合肥双马生态农场智慧农业的实施[J].农产品加工,2020,(21):113-114+118.

[25]孙进,刘启强.灯塔盆地:用智慧点亮现代生态农业发展[J].广东科技,2020,29(10):39-41.

[26]史鹤幸。现代农业:生态农业+智慧农业——"上海雪榕生物科技股份有限公司"成长记[J].上海企业,2020,(02):18-21.